BIOGRAPHIE DE LA FAIM

AMÉLIE NOTHOMB

Biographie de la faim

ALBIN MICHEL

Il est un archipel océanien qui s'appelle Vanuatu, anciennement Nouvelles-Hébrides, et qui n'a jamais connu la faim. Au large de la Nouvelle-Calédonie et des îles Fidji, le Vanuatu a bénéficié pendant des millénaires de deux atouts dont chacun est rare et dont l'alliance est rarissime : l'abondance et l'isolement. Cette dernière vertu, s'agissant d'un archipel, est un peu de l'ordre du pléonasme, certes. Mais on a vu des îles très fréquentées, alors qu'on n'a jamais vu d'îles aussi peu visitées que les Nouvelles-Hébrides.

C'est une vérité historique étrange : personne n'a jamais eu envie d'aller au Vanuatu. Même la déshéritée de la géographie qu'est par exemple l'île de la Désolation a ses thuriféraires : sa déréliction a quelque chose d'attirant. Celui qui veut souligner sa solitude ou jouer au poète maudit obtiendra le meilleur résultat en disant : « Je reviens de l'île de la Désolation. » Celui qui revient des Marquises suscitera une réflexion écologique, celui qui revient de Polynésie évoquera Gauguin, etc. Revenir du Vanuatu ne provoque aucune réaction.

C'est d'autant plus bizarre que les Nouvelles-Hébrides sont des îles charmantes. Elles comportent l'attirail océanien ordinaire qui déclenche les rêves : palmiers, plages de sable fin, cocotiers, fleurs, vie facile, etc. On pourrait parodier Vialatte et dire que ce sont des îles extrêmement insulaires : pourquoi la magie de l'insularité, qui fonctionne avec le moindre rocher émergé, ne fonctionne-t-elle pas quand il s'agit de Vaté et ses sœurs ?

Tout se passe comme si le Vanuatu n'intéressait personne.

Ce désintérêt me fascine.

J'ai sous les yeux la carte de l'Océanie de l'antique *Larousse* de 1975. À l'époque, il n'y avait pas encore de république du Vanuatu : les Nouvelles-Hébrides étaient un condominium franco-britannique.

La carte est parlante. L'Océanie est divisée par ces phénomènes absurdes et merveilleux que sont les frontières maritimes : c'est compliqué et rigoureux comme du cubisme. Il y a un côté ensembliste : ainsi, les Wallis ont une intersection avec les Samoa, qui elles-mêmes semblent appartenir aux Cook – c'est de l'hébreu. On y découvre des complexités politiques, voire des crises brûlantes : une contestation y oppose les États-Unis et le Royaume-Uni au sujet des îles de la Ligne, aussi peu connues sous le nom fabuleux de Sporades équatoriales. Les Carolines, qui trouvent le moyen d'appartenir simultanément à l'Australie, à la

Nouvelle-Zélande et à la Grande-Bretagne, poussent la perversité jusqu'à être cependant sous tutelle anglaise. Etc.

On se dit que l'Océanie, c'est l'excentrique de l'atlas. Au sein de tant de bizarreries, le Vanuatu frappe par son atonie. Il est sans excuse : avoir été sous la domination conjointe de deux pays aussi traditionnellement ennemis que la France et la Grande-Bretagne et n'avoir même pas réussi à susciter le moindre petit litige, c'est de la mauvaise volonté. Avoir conquis son indépendance sans que personne ne la conteste, cela fait un peu pitié – et sans que personne n'en parle !

Depuis, le Vanuatu est vexé. Je ne sais si les Nouvelles-Hébrides l'étaient déjà. Le Vanuatu l'est, incontestablement. J'en ai des preuves. Les hasards de la vie m'ont valu de recevoir un catalogue d'art océanien, dédicacé à mon nom (pourquoi ?) par son auteur, un ressortissant du Vanuatu. Ce monsieur, dont le patronyme est si compliqué que je ne parviens pas à le recopier, m'en veut, si j'en crois ses quelques lignes manuscrites :

À Amélie Nothomb
Oui, je sais, vous vous en fichez.
Signature
11/7/2003.

J'ouvris de grands yeux en lisant ces propos. Pourquoi cet individu décrétait-il, sans m'avoir jamais rencontrée, que son catalogue susciterait en moi une aussi grossière indifférence ?

L'ignare absolue que je suis feuilleta donc le livre d'images. Il est notoire que je n'y connais rien : mon opinion est la moins intéressante de l'univers. Ce n'est pas pour autant que je n'en ai pas.

Je vis d'étonnantes amulettes de Nouvelle-Guinée, d'élégants tissus peints des îles Samoa, de jolis éventails des îles Wallis, de remarquables vases de bois des îles Salomon, etc. Mais dès qu'un objet respirait l'ennui, j'avais à peine besoin de regarder la légende : c'était un peigne (ou un masque, ou une effigie) originaire du Vanuatu, qui ressemblait singulièrement aux peignes (ou masques, ou effigies) que l'on voit dans quatre-vingt-dix-neuf pour cent des musées de vieilleries municipaux du monde entier, où l'on soupire d'avoir à contempler les éternels bouts de silex ou colliers de dents dont nos lointains ancêtres ont cru nécessaire de remplir leurs grottes. Exposer de telles choses m'a toujours semblé aussi absurde que si les archéologues du futur se mettaient en tête d'exposer nos fourchettes en plastique et assiettes en carton.

Tout s'était passé comme si ce monsieur du Vanuatu avait su par avance que les bibelots de son pays n'allaient pas me frapper. Le pire, c'était qu'il avait raison. Seulement, il n'avait peut-être pas prévu que cela allait attirer mon attention.

À y regarder de plus près, un autre détail de ce catalogue m'intrigua. Un motif récurrent de l'art océanien primitif semblait être le yam : l'igname, qui est un peu la patate d'Océanie, objet d'un véritable culte. Gare à ceux qui se moqueront en lisant cela : nos hommes préhistoriques à nous ont eux aussi dessiné la nourriture. Et sans remonter si loin, nos natures mortes ne regorgent-elles pas de mangeailles ?

À ceux qui me rétorqueraient : « Quand même, des patates ! », je réponds qu'on a le caviar qu'on peut. L'unique constante de la représentation artistique des aliments, c'est que le dessinateur (le sculpteur, le peintre, etc.) choisit des mets rares, et jamais son ordinaire. Ainsi, on a pu prouver que les hommes de Lascaux se nourrissaient exclusivement de viande de renne – et il n'y a pas d'image de renne sur les splendides parois de la cathédrale. Sempiternelle ingratitude de l'esprit humain, qui préfère glorifier les ortolans et le homard plutôt que le pain auquel il doit la vie.

Bref, si les Océaniens ont tant représenté l'igname, c'est que c'était leur plat de fête, c'est qu'il était difficile de cultiver ces tubercules. Si les pommes de terre étaient rares chez nous, manger de la purée relèverait du snobisme.

Or, dans le catalogue, aucun yam, ni d'ailleurs aucune représentation alimentaire, n'était originaire du Vanuatu. Pas de doute, ces gens-là ne rêvaient pas de nourriture. Pourquoi ?

Parce qu'ils n'avaient pas faim. Ils n'avaient jamais eu faim.

Autre constat : de toutes les îles de l'Océanie, celle qui avait représenté le plus d'ignames et de mangeailles était la Nouvelle-Guinée. C'était aussi l'île dont la création artistique m'avait paru la plus riche, vive et originale – et pas seulement dans ses effigies « nutritives », également dans des objets d'une sophistication réelle. Comment ne pas en conclure d'abord que ces gens avaient eu faim, ensuite que cela les avait éveillés ?

Les hasards décidément propices de l'existence me firent rencontrer il y a peu trois ressortissants du Vanuatu. Leur apparence était formidable : ces trois hommes ressemblaient à des baobabs.

Ils en avaient les dimensions, la luxuriante chevelure et, si j'ose dire, le regard : de vastes yeux endormis. Il n'y a là aucune nuance péjorative, le sommeil n'est pas une tare.

Je me retrouvai autour d'un repas avec ces trois individus. À table, les autres convives mangeaient, c'est-à-dire qu'ils paraissaient avoir de l'appétit et, en conséquence, ingurgitaient des bouchées à un rythme soutenu.

Les trois hommes, eux, touchaient à peine à la nourriture – à la manière non pas des ascètes, mais des gens qui sortent de table. Quelqu'un leur demanda si le plat leur déplaisait : l'un d'eux répondit que c'était très bon.

– En ce cas, pourquoi ne mangez-vous pas ?

– Parce que nous n'avons pas faim.

Il était clair qu'il ne mentait pas.

Les autres trouvèrent cette réponse suffisante. Je poussai plus loin l'enquête.

– Pourquoi n'avez-vous pas faim ? leur demandai-je.

Les ressortissants du Vanuatu eussent pu légitimement s'offusquer d'avoir à se justifier sur un pareil sujet. Ce ne fut pas le cas. Celui qui semblait leur porte-parole dut juger ma question recevable : lentement, en homme qui a le ventre trop plein et qui n'a pas l'habitude de l'effort, il parla :

– Au Vanuatu, il y a de la nourriture partout. Nous n'avons jamais dû la produire. On tend les deux mains, il tombe dans l'une une noix de coco, dans l'autre un régime de bananes. On entre dans la mer pour se rafraîchir, et on ne peut éviter de ramasser d'excellents coquillages, des oursins, des crabes et des poissons à la chair raffinée. On se promène un peu dans la forêt, où il y a trop d'oiseaux : on est forcé de leur rendre service en enlevant de leurs nids les œufs excédentaires, et parfois de tordre le cou à l'un de ces volatiles qui ne s'enfuient même pas. Les femelles phacochères ont trop de lait, car elles sont suralimentées, elles aussi, et elles nous supplient de les traire pour les en débarrasser : elles poussent des cris stridents qui ne cessent que si l'on accède à leur demande.

Il se tut. Au terme d'un silence, il ajouta :

– C'est terrible.

Consterné par son propre récit, il conclut :

– Et c'est comme ça depuis toujours, au Vanuatu.

Les trois hommes se regardèrent d'un air sombre, partageant ce lourd et incommunicable secret de la surabondance perpétuelle, puis ils se prostrèrent en un mutisme accablé dont le sens devait être : « Vous ne savez pas ce que c'est. »

L'absence de faim est un drame sur lequel nul ne s'est penché.

À l'exemple de ces maladies orphelines auxquelles la recherche ne s'intéresse pas, la non-faim ne risque pas de susciter la curiosité : à part la population du Vanuatu, personne n'en est atteint.

Notre suralimentation occidentale n'a rien à voir. Il suffit de sortir dans la rue pour voir des gens crever de faim. Et pour gagner notre pain, nous devons travailler. L'appétit, chez nous, est vivace.

Il n'y a pas d'appétit au Vanuatu. On y mange par complaisance, afin que la nature, qui est là-bas l'unique maîtresse de maison, ne se sente pas trop offensée. C'est elle qui s'occupe de tout : le poisson, on le met à cuire sur une pierre brûlante de soleil, point final. Et bien évidemment, c'est délicieux, sans effort – « c'est pas du jeu », a-t-on envie de se plaindre.

Pourquoi inventerait-on des desserts quand la forêt donne des fruits si bons, si subtils qu'en comparaison nos gâteries sont infectes et grossières ? Pourquoi créerait-on des sauces quand le jus des coquillages mêlé au lait de coco est d'une saveur à reléguer nos sucs de cuisine au rang d'écœurantes mayonnaises ? On n'a besoin d'aucun art pour ouvrir un oursin que l'on vient de ramasser et pour se régaler de son affolante chair crue. Et c'est le sommet de la gastronomie. Quelques goyaves auront par accident macéré dans un trou où elles seront tombées : on aura même de quoi se saouler la gueule. C'est trop facile.

J'ai un peu observé les trois habitants de ce garde-manger qu'est le Vanuatu : ils étaient aimables, courtois, civils. Ils ne dégageaient pas le moindre symptôme d'agressivité : on sentait qu'on avait affaire à des gens profondément pacifiques. Mais on avait l'impression qu'ils étaient un peu las : comme s'ils ne s'intéressaient à rien. Leur vie était une flânerie à perpétuité. Elle manquait d'une quête.

Le contraire du Vanuatu n'est pas difficile à situer : c'est partout ailleurs. Les peuples ont ceci de commun qu'ils ont forcément connu la famine au cours de leur histoire. La disette, ça crée des liens. On a de quoi se raconter.

La championne du ventre vide, c'est la Chine. Son passé est une suite ininterrompue de catastrophes alimentaires avec des morts en pagaille. La première question qu'un Chinois pose à un autre Chinois est toujours : « As-tu mangé ? »

Les Chinois ont dû apprendre à manger l'immangeable, d'où un raffinement inégalé dans l'art culinaire.

Existe-t-il civilisation plus brillante, plus ingénieuse ? Les Chinois ont tout inventé, tout pensé, tout compris, tout osé. Étudier la Chine, c'est étudier l'intelligence.

Oui, mais ils ont triché. Ils étaient dopés : ils avaient faim.

Il ne s'agit pas ici d'établir une hiérarchie entre les peuples. Au contraire. Il s'agit de montrer que la faim est leur plus haute identité. Aux pays qui nous bassinent avec le caractère prétendument unique de leur population, déclarer que toute nation est une équation qui s'articule autour de la faim.

Paradoxe : si les Nouvelles-Hébrides n'ont pas réussi à susciter de réelles convoitises chez les conquérants extérieurs, c'est parce que cet archipel ne manquait de rien.

C'est étrange, puisque l'Histoire a prouvé à d'innombrables reprises que les pays les plus colonisés étaient les plus riches, les plus fertiles, etc. Oui, mais il est à noter que le Vanuatu n'est pas un pays riche : la richesse est le produit d'un travail, et le travail est une notion qui n'existe pas au Vanuatu. Quant à la fertilité, elle suppose que les hommes ont cultivé : or on n'a jamais rien planté aux Nouvelles-Hébrides.

Donc, ce qui attire les prédateurs de terres, ce n'est pas à proprement parler les pays de cocagne, c'est le labeur que les hommes y ont investi : c'est le résultat de la faim.

L'être humain a ceci de commun avec les autres espèces qu'il recherche ce qui lui ressemble : là où il voit l'œuvre de la faim, il entend sa langue maternelle, il est en pays connu.

J'imagine l'arrivée des envahisseurs aux Nouvelles-Hébrides ; non seulement aucune résistance ne leur fut opposée, mais de plus l'attitude des habitants dut être quelque chose comme : « Vous tombez bien. Aidez-nous à terminer ce festin, nous n'en pouvons plus. »

Les mœurs humaines ont fait le reste : ce qui ne se défend pas n'en vaut pas la peine, nous n'allons pas nous passionner pour ces îles où une population satisfaite même pas fichue de se battre n'a rien construit.

Pauvres Nouvelles-Hébrides ! Avoir à subir un jugement aussi injuste a dû être enrageant. Et comme il a dû être vexant d'être colonisé par des gens qui semblaient n'avoir aucune envie de rester là !

Je ne suis pas extérieure au sujet qui m'occupe. Ce qui me fascine dans le Vanuatu, c'est d'y voir à ce point l'expression géographique de mon contraire. La faim, c'est moi.

Le rêve des physiciens est de parvenir à expliquer l'univers à partir d'une seule loi. Il paraît que c'est très difficile. À supposer que je sois un univers, je tiens en cette force unique : la faim.

Il ne s'agit pas d'avoir le monopole de la faim ; c'est la qualité humaine la mieux partagée. J'ai cependant la prétention d'être une championne dans ce domaine. Aussi loin que remontent mes souvenirs, j'ai toujours crevé de faim.

J'appartiens à un milieu aisé : chez moi, on n'a jamais manqué de rien. C'est ce qui me suggère de voir en cette faim une spécificité personnelle : elle n'est pas socialement explicable.

Encore faut-il préciser que ma faim est à comprendre en son sens le plus vaste : si ce n'avait été que la faim des aliments, ce n'eût peut-être pas été si grave. Mais est-ce que cela existe, n'avoir faim que de nourriture ? Existe-t-il une faim du ventre qui ne soit l'indice d'une faim généralisée ?

Par faim, j'entends ce manque effroyable de l'être entier, ce vide tenaillant, cette aspiration non tant à l'utopique plénitude qu'à la simple réalité : là où il n'y a rien, j'implore qu'il y ait quelque chose.

J'ai longtemps espéré découvrir en moi un Vanuatu. À vingt ans, lire sous la plume de Catulle le vers par lequel il s'exhorte en vain, « Cesse de vouloir », me laissa entrevoir que si un tel poète n'y avait pas réussi, je n'y parviendrais pas davantage.

La faim, c'est vouloir. C'est un désir plus large que le désir. Ce n'est pas la volonté, qui est force. Ce n'est pas non plus une faiblesse, car la faim ne connaît pas la passivité. L'affamé est quelqu'un qui cherche.

Si Catulle s'enjoint à la résignation, c'est précisément parce qu'il n'est pas résigné. Il y a dans la faim une dynamique qui interdit d'accepter son état. C'est un vouloir qui est intolérable.

On me dira que le vouloir de Catulle, qui est le manque amoureux, l'obsession due à l'absence de la bien-aimée, n'a rien à voir. Mon langage y devine pourtant un registre identique. La faim, la vraie, qui n'est pas caprice de fringale, la faim qui dépoitraille et vide l'âme de sa substance, est l'échelle qui conduit à l'amour. Les grands amoureux furent éduqués à l'école de la faim.

Les êtres nés rassasiés – il y en a beaucoup – ne connaîtront jamais cette angoisse permanente, cette attente active, cette fébrilité, cette misère qui éveille jour et nuit. L'homme se construit à partir de ce qu'il a connu au cours des premiers mois de sa vie : s'il n'a pas éprouvé la faim, il sera l'un de ces étranges élus, ou de ces étranges damnés, qui n'édifieront pas leur existence autour du manque.

C'est peut-être l'expression la plus proche de la grâce ou disgrâce des jansénistes : on ne sait pas pourquoi certains naissent affamés et d'autres rassasiés. C'est une loterie.

J'ai gagné le gros lot. Je ne sais pas si ce sort est enviable, mais je ne doute pas d'avoir dans ce domaine des compétences extraordinaires. Si Nietzsche parle de surhomme, je m'autorise à parler de surfaim.

Surhomme, je ne le suis pas ; suraffamée, je le suis plus que quiconque.

J'ai toujours eu un excellent appétit, en particulier pour le sucre. Certes, je dois reconnaître que j'ai connu de bien plus grands champions que moi pour la faim du ventre, à commencer par mon père. Mais pour ce qui est du sucré, je défie toute concurrence.

Comme il fallait le redouter, cette faim a entraîné les pires contagions : dès mon plus jeune âge, j'ai souffert de la pénible impression de ne recevoir jamais que la portion congrue. Quand la barre de chocolat avait déjà disparu de ma main, quand le jeu s'arrêtait sans transe, quand l'histoire se terminait de si insuffisante manière, quand la toupie cessait de tourner, quand il n'y avait plus de page au livre qui pourtant me semblait commencer à peine, quelque chose en moi se révoltait. Quoi ! On m'avait bien eue !

Qui espérait-on duper ? Comme si c'était assez, une barre de chocolat, une partie gagnée trop facilement, une histoire conclue sans danger, une rotation interrompue à l'absurde, un livre qui aurait voulu offrir des vessies pour des lanternes !

Cela valait bien la peine d'organiser des événements aussi grandioses que les sucreries, les jeux, les contes, les jouets et, *last but not least*, les livres, si c'était pour nous laisser à ce point sur notre faim.

J'insiste sur « à ce point » : je ne défends pas absolument la satiété. Il est bon que l'âme conserve une part de son désir. Mais entre rassasier et se payer carrément ma tête, il y avait de la marge.

Les cas les plus flagrants étaient les contes de fées. Un fabuleux créateur d'histoires tirait du néant des commencements formidables : là où il n'y avait rien, il installait des mécaniques sublimes, des astuces narratives qui mettaient l'eau à la bouche de l'esprit. Il y avait des bottes de sept lieues, des citrouilles transformistes, des animaux pourvus d'une belle voix et d'un vocabulaire étendu, des robes couleur de lune, des crapauds qui se prétendaient princes. Et tout cela pour quoi ? Pour découvrir que le crapaud était réellement un prince et qu'il fallait donc l'épouser et avoir de lui beaucoup d'enfants.

De qui se moquait-on ?

C'était un complot dont le but secret devait être la frustration. « On » (qui ? je ne l'ai jamais su) cherchait à tromper ma faim. C'était scandaleux. Hélas, à mon indignation devait très vite succéder la honte, quand je constatai que les autres enfants se satisfaisaient de cette situation – pire, ne voyaient même pas où était le problème.

Honte typique de la petite enfance : au lieu de tirer orgueil de sa plus grande exigence, la vivre comme une coupable singularité, puisque l'idéal consiste à se montrer semblable aux individus de son âge.

Exigence, oui. La vieille opposition entre quantité et qualité est souvent très bête ; le suraffamé n'a pas seulement plus d'appétit, il a surtout des appétits plus difficiles. Il existe une échelle de valeurs où le plus génère le mieux : les grands amoureux le savent, les artistes obsessionnels aussi. Le sommet de la délicatesse a pour meilleure alliée la surabondance.

Je sais de quoi je parle. Enfançonne suraffamée de sucre, je ne cessais de chercher ma pitance : la quête du sucré était ma quête du Graal. Ma mère réprouvait et réprimait cette passion et prétendait m'arnaquer en me donnant, à la place du chocolat imploré, du fromage qui me révulsait, des œufs durs qui m'indignaient, des pommes fadasses qui m'indifféraient.

Et non seulement ma faim ne s'y trompait pas, mais elle s'en aggravait. D'avoir reçu ce que je ne voulais pas, j'avais encore plus faim. Je me retrouvais dans la situation aberrante d'une affamée que l'on doit forcer à manger.

Seule la surfaim pervertie a faim de n'importe quoi. À l'état natif et non contrarié, la surfaim sait très bien ce qu'elle veut : elle veut le meilleur, le délectable, le splendide, et elle se charge de le découvrir dans chaque domaine du plaisir.

Quand je me plaignais de l'interdit du sucré, ma mère me disait : « Ça te passera. » Erreur. Ça ne m'a pas passé. Dès que j'atteignis mon indépendance alimentaire, je me mis à me nourrir exclusivement de sucreries. Et j'en suis toujours là. Et ça me va comme un gant. Je ne me suis jamais mieux portée. Il n'est jamais trop tard pour bien faire.

« Trop sucré » : l'expression me paraît aussi absurde que « trop beau » ou « trop amoureux ». Il n'existe pas de choses trop belles : il n'existe que des perceptions dont la faim de beauté est médiocre. Et qu'on ne vienne pas me parler non plus de baroque opposé au classique : ceux qui ne voient pas la surabondance qui éclate au cœur même du sens de la mesure ont de pauvres perceptions.

– J'ai faim, disais-je donc à ma mère en refusant ses offrandes étouffe-chrétiens.

– Non, tu n'as pas faim. Si tu avais faim, tu mangerais ce que je te donne, entendis-je mille fois.

– J'ai faim ! protestais-je.

– C'est une bonne maladie, concluait-elle immanquablement.

Cette fin de non-recevoir me déconcertait toujours. Une maladie. Bonne. Ça alors !

Plus tard, j'appris l'étymologie du mot « maladie ». C'était « mal à dire ». Le malade était celui qui avait du mal à dire quelque chose. Son corps le disait à sa place sous la forme d'une maladie. Idée fascinante qui supposait que si l'on réussissait à dire, on ne souffrirait plus.

Si la faim était une bonne maladie, quelle était la bonne chose à dire qui m'en guérirait ? Quel était le mystère qu'elle dissimulait ? Quelle énigme fallait-il résoudre pour ne plus ressentir à ce point l'appel du sucre ?

À trois ans, à quatre ans, je n'étais pas en mesure de me poser de telles questions. Cependant, sans le savoir, je tâtonnais pour trouver la réponse – et je brûlais, puisque c'est à cette époque que j'ai commencé à me raconter des histoires.

Qu'est-ce qu'une histoire, quand on a quatre ans ? C'est un concentré de vie, de sensations fortes. Une princesse enfermée était torturée. Des enfants abandonnés étaient réduits à la misère la plus douloureuse. Un héros recevait le don de voler dans le ciel. Des grenouilles m'avalaient et je bondissais dans leur ventre.

Quand Rimbaud, dont le génie doit tant à l'enfance, évoque avec dégoût la poésie « horriblement fadasse » de ses contemporains, sa revendication est celle du gosse qui exige du puissant, du vertigineux, de l'insupportable, de l'écœurant, du bizarre, car enfin, « une musique savante manque à notre désir ».

Le fond des histoires que je me racontais importait moins que la forme, qui jamais ne fut écrite : il serait cependant impropre de la qualifier d'orale, puisque ce murmure dans ma tête ne fut jamais voisé. Ce n'était pas non plus des histoires pensées, puisque le son y revêtait une importance capitale – le son à zéro décibel qui n'est que vibrations des cordes muettes et rythmes purement crâniens, auquel seul s'apparente le bruit des stations de métro désertes quand il ne passe aucune rame. C'est avec ce genre de mugissement sourd que l'on se sidère le mieux l'esprit.

Le style en était la fébrilité. Fébrile était le prince qui s'acharnait à découvrir les zones d'épouvante de la princesse, fébriles étaient les enfants qui dérobaient à la nature leur subsistance, fébrile était l'envol chaotique du héros, fébrile était la digestion de la grenouille dont j'habitais le ventre. C'était cette fébrilité qui me mettait en état second dans mes histoires intérieures.

Quand à force de recherches clandestines je tombais sur des sucreries, marshmallows ou souris en gomme, je m'isolais et mâchouillais les larcins avec ardeur, et mon cerveau réquisitionné par l'urgence du plaisir provoquait des courts-circuits, si haut était le voltage de mon extase qui ne respectait pas les normes du compteur électrique, et je m'enfonçais dans l'ivresse pour mieux remonter dans son geyser terminal.

Si mon père n'avait pas toujours été l'homme le plus occupé de la terre, je suppose que je l'aurais vu plus souvent entrer dans la cuisine d'un air tendu et farfouiller en quête d'un aliment nécessairement interdit, puisque manger entre les repas était censé ne pas être permis à ce boulimique invétéré. Les rares fois que je pus l'observer s'adonnant à sa pente, il finissait par s'enfuir en emportant une poignée de nourriture confuse, pain, cacahuètes, n'importe quoi – le contenu d'une main honteuse.

Papa est un martyr alimentaire. C'est un individu chez qui la faim fut injectée de force par l'extérieur puis perpétuellement réprimée. Lui qui fut un enfant délicat, sensible et malingre, fut obligé de manger au nom d'un tel chantage affectif qu'il en vint à épouser la cause de ses bourrelles (surtout sa grand-mère maternelle) et par imprimer à son estomac les dimensions de l'univers.

C'est un homme à qui l'on joua un sale tour : on lui imposa l'obsession de bouffer et, quand il en fut bien atteint, on le mit au régime jusqu'à la fin de ses jours. Mon pauvre père connut ce sort absurde : la contrariété est son lot.

Il mange à une rapidité effrayante, ne mâche rien, et avec une telle angoisse qu'il semble n'y prendre aucun plaisir. Je suis toujours étonnée quand j'entends des gens le qualifier de bon vivant. Sa rondeur les trompe : c'est l'anxiété personnifiée, incapable de jouir du présent.

Ma mère décida très vite que j'étais mon père. Là où il y avait une ressemblance, elle vit une identité. Quand j'avais trois ans, j'accueillais les hordes d'invités de mes parents en leur affirmant d'un ton las : « Moi, c'est Patrick. » Les gens étaient stupéfaits.

En vérité, j'avais tellement l'habitude que ma mère, présentant ses trois enfants, termine par la plus petite en disant : « Et elle, c'est Patrick », que je la devançais. Ainsi, je portais des robes, j'avais de longs cheveux bouclés et je m'appelais Patrick.

Son erreur me fâchait. Je le savais bien, moi, que je n'étais pas Patrick. Et pas seulement parce que je n'étais pas un monsieur. Si je ressemblais en effet plus à mon père qu'à ma mère, la différence entre lui et moi n'en était pas moins fondamentale.

Papa avait beau être consul, c'était un esclave. Esclave, il l'était d'abord de lui-même : je n'ai jamais vu quelqu'un exiger de soi autant de travail, d'effort, de rendement, d'obligations. Esclave, il l'était ensuite par sa façon de se nourrir : perpétuellement affamé, attendant avec une douloureuse impatience une pitance qui n'était pas famélique mais qui en avait l'air, à en juger par la rapidité supersonique à laquelle elle était avalée. Esclave, enfin, de son incompréhensible conception de la vie, qui était peut-être d'ailleurs une absence de conception, ce qui ne l'empêchait pas d'en être esclave.

Si ma mère n'était pas le chef de mon père, elle était l'administratrice de son esclavage alimentaire. C'était elle qui détenait le pouvoir nutritionnel. Une telle situation est courante dans les familles. J'ai pourtant l'impression que, chez mes parents, ce pouvoir a eu davantage d'impact. L'un et l'autre entretenaient un rapport obsessionnel avec la nourriture – le cas maternel étant encore plus difficile à cerner.

Or j'étais le contraire d'un esclave puisque j'étais Dieu. Je régnais sur l'univers et en particulier sur le plaisir, prérogative des prérogatives, que je m'organisais à longueur de journée. Maman me rationnait en sucre mais ce n'était pas grave : les occasions de jouissance étaient nombreuses, il suffisait que je les provoque.

Je n'en jugeais pas moins irritant que ma mère m'identifie à mon père. Ce dernier, trop heureux qu'on lui attribue un double, se rallia à ses vues et déclara aussi que j'étais lui. Dans ma tête, je tapais du pied, incapable que j'étais de leur démontrer leur confusion.

J'aurais aimé leur signifier qui j'étais, qui j'étais persuadée d'être. J'étais le déferlement, l'être,

30

l'absence radicale de non-être, le fleuve à son plus haut débit, le dispensateur d'existence, la puissance à implorer.

Cette conviction me venait des motifs racontés dans mon traité de métaphysique des tubes, mais aussi de la surfaim. J'avais compris que j'étais la seule à en être atteinte. Mon père était boulimique, ma mère était obsédée par la nourriture, mes deux aînés étaient normaux, comme les gens qui gravitaient autour de nous. J'étais l'unique à posséder ce trésor, qui serait source de honte vague dès mes six ans mais qui, à trois ans, à quatre ans, m'apparaissait pour ce qu'il était : une suprématie, le signe d'une élection.

La surfaim n'était pas la possibilité d'avoir davantage de plaisir, c'était la possession du principe même de la jouissance, qui est l'infini. J'étais le gisement de ce manque si grandiose que tout en devenait à ma portée.

Maman croyait nécessaire de me contrarier, puisque j'étais mon père et que mon père devait être contrarié. « C'est pour que tu ne deviennes pas comme ton père », me disait-elle. Ce n'était pas logique, puisque, selon elle, j'étais déjà Patrick.

En plus, mon père n'était pas particulièrement attiré par le sucre. Il n'avait par ailleurs aucune prétention à la divinité. Des disparités si flagrantes n'ouvrirent pourtant pas les yeux de ma mère sur ma différence fondamentale.

Si Dieu mangeait, il mangerait du sucre. Les sacrifices humains ou animaux m'ont toujours paru autant d'aberrations : quel gaspillage de sang pour un être qui aurait été si heureux d'une hécatombe de bonbons !

Il faudrait raffiner. Au sein des sucreries, il en est de plus ou moins métaphysiques. De longues recherches m'ont menée à ce constat : l'aliment théologal, c'est le chocolat.

Je pourrais multiplier les preuves scientifiques, à commencer par la théobromine qu'il est seul à contenir et dont l'étymologie est criante. Mais j'aurais un peu l'impression d'insulter le chocolat. Sa divinité me semble précéder les apologétiques.

Ne suffit-il pas d'avoir en bouche du très bon chocolat non seulement pour croire en Dieu, mais aussi pour se sentir en sa présence ? Dieu, ce n'est pas le chocolat, c'est la rencontre entre le chocolat et un palais capable de l'apprécier.

Dieu, c'était moi en état de plaisir ou de potentialité de plaisir : c'était donc moi tout le temps.

Si ma divinité n'était pas comprise consciemment par mes parents, j'avais parfois l'impression qu'une obscure part de leur cerveau était au courant et l'acceptait. J'avais un statut spécial. Ainsi, quand il fallut me scolariser, on ne me mit pas à l'école américaine que fréquentaient mon frère et ma sœur ; on m'inscrivit au *yôchien*, le *Kindergarten* japonais du bout de la rue.

J'atterris donc dans la *tampopogumi* (classe des pissenlits). Je reçus l'uniforme : jupette bleu marine, blazer bleu marine, béret bleu marine et petit cartable à dos. L'été, cette tenue était remplacée par un tablier qui recouvrait le corps comme une tente et par un chapeau de paille pointu : j'avais l'impression d'être vêtue de toits. J'étais une maison à plusieurs étages.

Tout cela paraît mignon, c'était abject. Dès le premier jour, je me pris d'une aversion sans bornes pour le *yôchien*. La *tampopogumi* était l'antichambre de l'armée. Faire la guerre, j'étais d'accord, mais marcher au pas de l'oie, à coups de sifflet, obéir aux voix scandées des caporaux déguisés en maîtresses d'école, c'était en dessous de ma dignité et c'eût dû être en dessous de la dignité des autres.

J'étais la seule non-Nippone du *yôchien*. Je n'affirmerais pas pour autant que mes condisciples s'accommodaient de cette situation. Il serait d'ailleurs infâme d'imaginer que, sous prétexte d'appartenir à tel ou tel peuple, on a des accointances avec l'esclavage.

En vérité, je soupçonne les autres enfants d'avoir ressenti les choses comme moi : nous simulions. Les photos de l'époque le prouvent : on me voit sourire avec mes camarades, on me voit coudre sagement au cours de couture, les yeux baissés sur mon ouvrage que je bâclais avec application. Or je me rappelle trop bien mes pensées au sein de la *tampopogumi* : j'étais continuellement indignée, furieuse et terrorisée à la fois. Les maîtresses étaient à ce point le contraire de ma douce gouvernante Nishio-san que je les haïssais. La suavité de leur visage était une trahison supplémentaire.

Je me souviens d'une scène. L'une des caporales avait à cœur que nous chantions, avec un ensemble parfait, une petite rengaine pleine d'enthousiasme, claironnant notre joie d'être des pissenlits disciplinés et souriants. J'avais décidé d'emblée que chanter cette chanson serait aller à Canossa et je profitais de l'effet choral pour simuler le chant comme je simulais la complaisance scolaire : ma bouche esquissait les paroles sans qu'aucune corde vocale ne collaborât. J'étais très fière de ce stratagème qui était une désobéissance de grand confort.

La maîtresse dut se douter de ma finasserie car, un jour, elle dit :

– Nous allons varier l'exercice : chaque élève chantera à son tour deux phrases de l'hymne des pissenlits puis laissera son voisin prendre le relais, et ainsi de suite jusqu'au bout.

L'alarme ne retentit pas aussitôt dans ma tête cette fois-ci. Je résolus de faire une entorse à ma règle et de chanter pour de vrai cette fois-ci. Peu à peu, je pris conscience que je ne connaissais absolument pas les paroles : mon cerveau avait à ce point refusé l'hymne des pissenlits qu'il n'en avait pas retenu un mot. Quand je simulais, mes lèvres n'imitaient pas ce qu'elles eussent dû voiser, elles bougeaient n'importe comment en un mutisme anarchique.

Entre-temps, la chanson avançait inexorablement, comme une théorie de dominos. La seule chose qui eût pu me sauver, à part un tremblement de terre, eût été l'irruption, avant mon tour, d'un autre simulateur. Je ne respirais plus.

Il n'y eut pas d'autre petit malin et le moment fatidique arriva : j'ouvris ma bouche et il n'en sortit rien. L'hymne des pissenlits, qui jusque-là avait joyeusement couru de lèvres en lèvres en un rythme sans faille, tomba dans un gouffre silencieux qui portait mon nom. Tous les yeux se tournèrent vers moi, à commencer par ceux de la maîtresse. Faussement gentille, elle affecta de croire à un minuscule trou de mémoire et prétendit me remettre dans le circuit en me soufflant le premier mot de ma portion de chanson.

Inutile. J'étais paralysée. Je ne pus même pas répéter le mot. J'avais trop envie de vomir. Elle insista, sans résultat. Elle me concéda un mot supplémentaire, en vain. Elle me demanda si j'avais mal à la gorge, je ne répondis rien.

Le pire fut atteint quand elle me demanda si je comprenais ce qu'elle disait. Elle suggérait ainsi que si j'avais été japonaise, il n'y aurait pas eu de problème – que si j'avais parlé sa langue, j'eusse chanté comme les autres.

Or je parlais japonais. J'étais simplement incapable à cet instant de le prouver : j'avais perdu la voix. Cela non plus, je n'étais pas capable de le dire. Et je lus, dans les yeux des pissenlits, cette chose affreuse : « Comment n'avions-nous pas encore remarqué qu'elle n'était pas nippone ? »

L'épisode se conclut par l'atroce indulgence de la maîtresse pour cette petite étrangère qui, forcément, n'avait pas les compétences des bons pissenlits nationaux. Le pissenlit belge, ce devait être du sous-pissenlit. Et l'enfant suivant chanta ce que je n'avais pu chanter.

À la maison, je n'osais dire la haine que m'inspirait le *yôchien*. On m'eût peut-être inscrite à l'école américaine et j'eusse perdu le signe le plus flagrant de ma singularité. Et puis, j'avais remarqué que quand mon frère et ma sœur parlaient anglais, je ne comprenais rien. Ce fut pour moi une scandaleuse découverte intellectuelle : une langue incompréhensible.

Il y avait donc un genre de langage qui m'était fermé. Au lieu de penser que j'apprendrais facilement ce nouveau territoire du verbe, je le condamnai pour crime de lèse-divinité : de quel droit ces mots me résistaient-ils ? Jamais je ne m'abaisserais à demander leur clef. C'était à eux de se hisser jusqu'à moi, d'obtenir l'honneur insigne de traverser la muraille de ma tête et la barrière de mes dents.

Moi, je ne parlais qu'une langue : le franponais. Ceux qui y voyaient deux langues distinctes péchaient par superficialité, ils s'arrêtaient à des détails tels que le vocabulaire ou la syntaxe. Ces broutilles n'auraient pas dû leur cacher non seulement des points communs objectifs comme la latinité des consonances ou la précision de la grammaire mais surtout cette parenté métaphysique qui les unissait par le haut : le délectable.

Comment ne pas avoir faim du franponais ? Ces mots aux syllabes bien détachées les unes des autres, aux sonorités nettes, c'étaient des sushis, des bouchées pralinées, des tablettes de chocolat dont chaque carré verbal se découpait facilement, c'étaient des gâteaux pour le thé de cérémonie, dont les emballages individuels permettaient le bonheur du déshabillage et la différenciation des saveurs.

Je n'avais pas faim de l'anglais, cette langue trop cuite, purée de chuintements, chewing-gum mâché qu'on se passait de bouche en bouche. L'anglo-américain ignorait le cru, le saisi, le frit, le cuit à la vapeur : il ne connaissait que le bouilli. On y articulait à peine, comme lors de ces repas de gens exténués qui engloutissent sans prononcer une parole. C'était du brouet pas civilisé.

Mon frère et ma sœur adoraient l'école américaine et j'avais des raisons de penser que j'y eusse été autrement libre et tranquille. Cependant, je préférais encore continuer mon service militaire dans la langue délectable plutôt que d'aller jouer dans la langue bouillie.

Très vite, je trouvai la solution : il suffisait de s'enfuir du *yôchien*.

Le procédé était simple : j'attendais la récréation de dix heures du matin, je feignais d'avoir un besoin pressant, je m'enfermais dans les toilettes, j'ouvrais la fenêtre en utilisant les chiottes comme tabouret d'escalade. Le moment le plus fabuleux était celui du saut dans le vide. Adoubée par tant d'héroïsme, je galopais à toute allure jusqu'à la sortie de service.

L'ivresse commençait dès que j'étais dans la rue. Le monde n'était pas différent de celui que je voyais chaque jour à la promenade : ce n'était jamais qu'un village japonais dans la montagne, au début des années soixante-dix. Mais par la grâce de mon évasion, ce n'était plus mon quartier, c'était ma conquête. Ce territoire retentissait de l'ébriété de mon insurrection.

Ce que je découvrais alors s'appelait liberté, en son sens le plus concret. Je n'étais plus enchaînée avec les galériens de maternelle, je n'étais pas même sous la suave tutelle de ma gouvernante : il était fou de penser que je pouvais faire n'importe quoi, me coucher au milieu de la route, me jeter dans les égouts, marcher sur les tuiles des hauts murs qui rendaient invisibles les maisons, grimper jusqu'au petit lac vert – ces actes, qui en soi n'eussent rien eu d'exceptionnel, tiraient de ma liberté un prestige suffocant.

Le plus souvent, je ne faisais rien. Je m'asseyais au bord de la ruelle et je regardais autour de moi la métamorphose de l'univers, auquel ma bravoure avait rendu l'aspect légendaire de son passé mythique. La petite gare de Shukugawa devenait aussi sublime que le château blanc de Himeji, la voie ferrée, qui est la vertu nippone la mieux partagée, livrait passage à un dragon de banlieue, le caniveau était un fleuve furieux que les cavaliers redoutaient de traverser, les montagnes s'escarpaient jusqu'à paraître infranchissables, et plus le paysage semblait hostile, plus il était beau.

La tête me tournait de tant de splendeur, les jambes me ramenaient chez moi pour cuver mon épopée.

– Tu es déjà là ? s'étonnait Nishio-san.

– Oui. Ça finissait plus tôt, aujourd'hui.

« Ça » se mit à finir plus tôt avec une régularité suspecte. Nishio-san me respectait trop pour pousser l'enquête plus loin. Hélas, une caporale passa un jour à la maison pour signaler mes disparitions.

On s'offusqua. J'affectai la naïveté.

– Je croyais que ça se terminait à dix heures.

– Ne le crois plus.

Il fallut se résoudre à demeurer un pissenlit quatre heures par jour.

Heureusement, il me restait les après-midi. J'avais faim de cette oisiveté. Autant je détestais cette impression d'être prise en charge par le *yôchien* et ses sifflets, autant j'adorais être livrée à moi-même. Marcher en rang derrière le drapeau de la maîtresse était assurément un sort cruel ; jouer dans le jardin avec mon arc à flèches me rappelait ma vraie nature.

Il y avait d'autres activités merveilleuses, vider la machine à laver avec Nishio-san et lécher le linge qu'elle mettait à sécher – je mordais les draps propres en salivant pour avoir en bouche ce bon goût de lessive.

On me vit en avoir tant de plaisir que je reçus pour mes quatre ans une minuscule lessiveuse qui fonctionnait avec des piles. Il fallait la remplir d'eau, ajouter une cuiller de lessive en poudre puis son mouchoir. On fermait la machine, on poussait le bouton et on regardait tourner le contenu. Ensuite, il fallait ouvrir et vidanger.

Après, au lieu de bêtement pendre le mouchoir pour qu'il sèche, je le gardais en bouche et le mastiquais. Je ne le recrachais que quand la saveur de savon avait disparu. Il convenait alors de le relaver, à cause de la salive.

J'avais faim de Nishio-san, de ma sœur et de ma mère : j'avais besoin qu'elles me prennent dans leurs bras, qu'elles me serrent, j'avais faim de leurs yeux posés sur moi.

J'avais faim du regard de mon père, mais pas de ses bras. Mon lien avec lui était cérébral.

Je n'avais pas faim de mon frère, pas plus que je n'avais faim des autres enfants. Je n'avais rien contre eux ; ils ne suscitaient en moi aucun appétit d'aucune sorte.

Ma faim d'êtres humains était donc heureuse : les trois déesses de mon panthéon ne me refusaient pas leur amour, mon père ne me refusait pas ses yeux et le reste de l'humanité ne m'encombrait pas trop.

En suppliant et cajolant Nishio-san, je pouvais obtenir d'elle des bonbons, des petits parapluies en chocolat ou même parfois, ô miracle, de l'*umeshû* : l'alcool était le sommet du sucre, la preuve de sa divinité, le plus haut moment de sa vie.

L'alcool de prune, c'était du sirop qui montait à la tête : il n'y avait rien de mieux au monde.

Nishio-san ne daignait pas souvent me donner de l'*umeshû*.

– Ce n'est pas pour les enfants.

– Pourquoi ?

– Ça rend ivre. C'est pour les adultes.

42

Raisonnement étrange. L'ivresse, je connaissais : j'adorais. Pourquoi la réserver aux adultes ?

Les interdits n'étaient jamais très graves : il suffisait de les contourner. Je me mis à vivre ma passion pour l'alcool dans la même clandestinité que ma passion pour le sucre.

Mes parents avaient la mondanité pour métier. La maison était le théâtre d'innombrables cocktails. Ma présence n'y était pas requise. J'avais cependant le droit de passer par là, si tel était mon bon plaisir. Je disais : « Moi, c'est Patrick. » Les gens s'extasiaient et puis me fichaient la paix. Ces formalités expédiées, j'allais au bar.

Personne ne me voyait attraper les flûtes de champagne qui traînaient à moitié pleines. D'emblée, le vin doré à bulles fut mon meilleur ami : ces gorgées pétillantes, ce goût de bal des papilles, cette façon de saouler si vite et si légèrement, c'était l'idéal. L'existence était bien conçue : les invités partaient, le champagne restait. Je vidais les verres dans mon gosier.

Ivre à ravir, j'allais tournoyer dans le jardin. Je tournais moins que le ciel. La rotation universelle était si visible et si sensible que je hurlais d'extase.

Au *yôchien*, j'avais parfois la gueule de bois. Le pissenlit belge marchait moins droit que les autres, et à une cadence bizarre. L'autorité me soumit à un test et il fut établi que je souffrais d'arythmie, ce qui m'interdisait l'accès à quelques carrières admirables. Personne ne soupçonna que l'alcoolisme était l'explication de mon handicap.

Sans vouloir glorifier l'alcoolisme infantile, je dois signaler qu'il ne me posa jamais aucun problème. Mon enfance s'accommodait très bien de mes passions. Je n'étais pas une petite nature, mon corps chétif s'aguerrissait à la surfaim.

J'étais extraordinairement mal fichue. Des photos de plage en témoignent : une énorme tête posée sur des épaules débiles, des bras trop longs, un tronc trop grand, des jambes minuscules, malingres et cagneuses, la poitrine creuse, le ventre gonflé et projeté en avant par une scoliose dramatique, la disproportion régnant en maîtresse – j'avais l'air d'une anormale.

Cela m'était égal. Nishio-san me disait très belle, je n'en demandais pas davantage.

À la maison, j'étais gavée de beauté humaine par le spectacle de ma mère et de ma sœur. Maman était une splendeur connue, une religion révélée à la lumière des foules. Je béais devant elle comme devant une statue, mais je m'abreuvais davantage à la joliesse de Juliette, qui m'était plus accessible. De deux ans et demi mon aînée, une ravissante petite tête sur un corps délicat, fine, des cheveux de fée et des expressions d'une fraîcheur déchirante, elle portait à la perfection son prénom de fillette fatale.

Consommer la beauté ne l'altérait pas : je pouvais regarder ma mère pendant des heures, je pouvais dévorer des yeux ma sœur sans que lui manque ensuite le moindre morceau. Ainsi en allait-il de la jouissance des montagnes, des forêts, du ciel et de la terre.

La surfaim inclut la sursoif. Je me découvris très vite une propriété formidable : la potomanie.

Adorer l'alcool ne m'empêchait pas de vénérer l'eau, dont je me sentais si proche. L'eau s'adressait à une autre soif que l'alcool ; si ce dernier parlait à mon besoin de brûlure, de guerre, de danse, de sensations fortes, l'eau, elle, murmurait de folles promesses au désert ancestral contenu dans ma gorge. Si je descendais un rien en moi, je rencontrais des territoires d'une aridité sidérante, des berges qui attendaient la crue du Nil depuis des millénaires. Avoir la révélation de cet étiage me donna pour toujours la soif de l'eau.

Les textes mystiques regorgent de soifs inextinguibles : c'est énervant, car c'est une métaphore. Dans les faits, le grand mystique buvait au creux de ses mains quelques gorgées d'une source ou de paroles divines, et puis c'était fini.

J'appris une soif qui n'avait rien de métaphorique : quand j'avais un accès de potomanie, je pouvais boire jusqu'à la fin des temps. À la fontaine des temples, là où l'eau sans cesse renouvelée était la meilleure, je remplissais continuellement la louche de bois et je buvais le miracle mille fois ressourcé. L'unique limite était ma capacité, qui était immense : on n'imagine pas ce que contiennent ces petits jerricans.

Ce que l'eau me disait était magnifique : « Si tu veux, tu peux tout boire. Il n'y a pas une gorgée de moi qui te sera refusée. Et puisque tu m'aimes tant, je te donne une grâce, celle d'avoir envie de moi tout le temps. Contrairement à ces pauvres gens qui cessent d'avoir soif à mesure qu'ils boivent, toi, plus tu me boiras, plus grand sera ton désir de moi, et plus vif ton plaisir à l'assouvir. Un sort fabuleux a voulu que je sois pour toi le souverain bien, et précisément celui dont l'absolue générosité te serait accordée. N'aie pas peur, personne ne viendra te dire d'arrêter, tu peux continuer, je suis ta prérogative, il est écrit que je te serai octroyée sans mesure, à toi seule qui recèles assez de soif pour me réjouir. »

L'eau avait le goût de pierre de la fontaine : c'était tellement bon que j'aurais crié si je n'avais eu toujours la bouche pleine. Sa morsure glacée me tressaillait la gorge et me mettait les larmes aux yeux.

L'ennui était qu'il passait souvent des pèlerins à qui je devais prêter l'unique louche de bois. Je trouvais agaçant non seulement d'être interrompue, mais d'être interrompue pour si peu. Chacun remplissait au jet la cuiller géante, en buvait une gorgée puis vidait le récipient. Ça valait bien la peine. Le sommet était atteint par ceux qui crachaient l'eau par terre. Quelle insulte.

48

Le passage par la fontaine n'était pour eux qu'un rite de purification au terme duquel ils iraient prier dans le temple shinto. Pour moi, le temple était la fontaine, et boire était la prière, l'accès direct au sacré. Et pourquoi se contenter d'une gorgée de sacré quand il y a tout ça à boire ? Parmi les beautés, l'eau était la plus miraculeuse. C'était la seule que l'on ne consommait pas uniquement avec les yeux et qui pourtant ne diminuait pas. Je buvais des litres et il en restait toujours autant.

L'eau désaltérait sans s'altérer et sans altérer ma soif. Elle m'enseignait l'infini véritable, qui n'est pas une idée ou une notion, mais une expérience.

Nishio-san priait sans conviction. Je lui demandai de m'expliquer la religion shinto. Elle hésita, puis sembla décider qu'elle n'allait pas s'encombrer de longs discours, et me répondit :

– Le principe, c'est que tout ce qui est beau est Dieu.

C'était excellent. Je trouvai étonnant que Nishio-san ne fût pas plus enthousiaste. Par la suite, j'apprendrais que ce principe avait élu pour suprême beauté l'Empereur, qui était plutôt moche, et je compris mieux la mollesse religieuse de ma gouvernante. Mais à cette époque je ne le savais pas, et j'incorporai aussitôt ce principe, comme j'incorporais le sacré qui était l'eau.

Incorporation transitoire : de retour à la maison, je m'installais aux toilettes et je devenais la fontaine.

Mon père et ma mère avaient été élevés dans la foi catholique, qu'ils perdirent au moment de ma naissance. Il serait glorieusement horrible d'y voir un lien de cause à effet, mais il semblerait hélas que mon surgissement en ce monde n'ait joué aucun rôle en cette perte mystique : c'est leur découverte du Japon qui fut déterminante.

On avait expliqué à mes parents pendant leur jeunesse que le christianisme – et encore, le catholicisme – était la seule religion bonne et vraie. On les avait gavés de ce dogme. Ils arrivèrent dans le Kansaï et rencontrèrent une civilisation sublime où le christianisme n'avait pourtant joué aucun rôle : ils estimèrent qu'on leur avait menti quant à la religion et ils jetèrent le bébé avec l'eau du bain, puisqu'ils évacuèrent en même temps toute trace de mystique.

Ils n'en étaient pas moins des gens qui connaissaient très bien la Bible, laquelle affleurait sans cesse dans leur langage, pêche miraculeuse par-ci, femme de Putiphar par-là, huile de la veuve et multiplication des pains à chaque occasion.

Ce texte fantôme mais si présent ne pouvait

que me passionner ; s'y ajoutait la peur d'être sur-
prise à le lire – « tu lis les Évangiles alors qu'il y
a *Tintin* ! » Je lisais *Tintin* avec plaisir et la Bible
avec un effroi très agréable.

J'aimais cette terreur qui me rappelait celle que
je trouvais en moi quand je suivais un itinéraire
connu qui me conduisait vers l'inconnu, là où
résonnait la grande voix noire qui me disait des
phrases caverneuses, « souviens-toi, c'est moi qui
vis, c'est moi qui vis dans toi », ça faisait trembler
les yeux ouverts, ma seule certitude était que cette
obscurité qui parlait ne m'était pas étrangère, si
c'était Dieu, c'était que Dieu logeait en moi, et si
ce n'était pas Dieu, c'était que ce qui n'était pas
Dieu était créé par moi, ce qui m'équivalait à Dieu,
enfin, cette apologétique m'importait peu, il y
avait du Dieu en ce qui avait toujours soif de la
fontaine, cette attente virulente mille fois comblée,
exaucée jusqu'à l'extase intarissable et cependant
jamais désaltérée, miracle du désir culminant dans
la culminante jouissance.

Je croyais donc en Dieu sans m'en exclure – et
sans en parler, car j'avais bien compris que la
question n'était pas en odeur de sainteté à la maison. C'était une foi secrète que je vivais en silence,
sorte de croyance paléochrétienne mâtinée de
shintoïsme.

D'emblée, la vie ne serait pas réussie. Je savais que j'allais quitter le Japon, ce qui ne manquerait pas d'être un échec monumental. À quatre ans, j'avais déjà quitté l'âge sacré, je n'étais donc plus une divinité, même si Nishio-san tentait encore de me persuader du contraire. Si je gardais vivace au fond de moi le sentiment de mon apparentement divin, j'avais chaque jour, au *yôchien* et ailleurs, les preuves qu'aux yeux des autres j'avais rejoint l'espèce commune. Le passage du temps annonça d'entrée de jeu sa couleur de naufrage.

Je n'avais pas d'ami parmi les pissenlits et je ne cherchais pas à en avoir. Depuis l'affaire de la chanson-dominos, la *tampopogumi* me regardait de travers. Je m'en fichais pas mal.

Il n'était hélas plus question de fuguer et je subissais les récréations avec les autres. Si une balançoire était libre, je courais m'y isoler et je n'en délogeais plus, car c'était une position stratégique très convoitée.

Un jour, comme je me prélassais sur l'escarpolette, je m'aperçus que l'ennemi me cernait de toutes parts. Ce n'était pas seulement les élèves de la *tampopogumi*, c'était les enfants de l'école entière qui m'entouraient – tout ce que la région de Shukugawa rassemblait entre l'âge de trois et six ans m'observait avec froideur. Complice, la balançoire s'immobilisa.

La foule enfantine s'empara de moi. Opposer une résistance n'eût servi à rien ; je me laissai saisir comme une rock star lassée. On me posa à terre et des mains de propriétaires inconnus me déshabillèrent. Il régnait un silence de mort. Quand je fus nue, on m'observa partout avec attention. Aucun commentaire ne fut prononcé.

Une caporale arriva en vociférant et, quand elle vit mon état, elle hurla sur les gosses.

– Pourquoi avez-vous fait ça ? leur demanda-t-elle en tremblant de colère.

– On voulait voir si elle était blanche partout, dit un porte-parole improvisé.

La maîtresse furieuse leur cria que c'était très mal, qu'ils avaient déshonoré leur pays, etc., puis elle s'approcha de ma nudité couchée, s'agenouilla et ordonna aux enfants de rendre mes vêtements. Sans un mot, untel rapporta une chaussette, unetelle une jupette, et ainsi de suite, un peu désolés de restituer ce trésor de guerre, mais disciplinés et graves. L'adulte me remettait chaque atour par ordre d'arrivée : je fus successivement nue avec une chaussette, puis nue avec une chaussette et une jupette, etc., jusqu'à ce qu'on ait reconstitué l'édifice initial.

Les mômes reçurent encore l'ordre de s'excuser : ils prononcèrent ensemble d'une voix monocorde un « *gomen nasai* » de cour martiale face à ma sérieuse indifférence. Ensuite, ils coururent se faire pendre ailleurs.

– Tu vas bien ? me demanda la caporale.

– Oui, répondis-je avec hauteur.

– Tu veux rentrer chez toi ?

J'acceptai, pensant que c'était toujours bon à prendre. On téléphona à ma mère qui vint me chercher.

Maman et Nishio-san admirèrent ma froideur dans l'adversité : je ne semblais pas choquée outre mesure par l'outrage subi. En mon for intérieur, je sentais confusément que si mes agresseurs avaient été des grands, ma réaction eût été autre. Mais là, j'avais été déshabillée par des enfants de mon âge : ce n'était jamais que l'un des risques de la guerre.

Avoir cinq ans se révéla désastreux. La menace confuse qui planait sur nos têtes depuis plus de deux années se concrétisa brusquement : nous quittions le Japon. Déménagement pour Pékin.

J'avais beau savoir depuis longtemps qu'un tel drame allait se produire, je n'y étais pas préparée. Pouvait-on s'armer contre la fin du monde ? Quitter Nishio-san, être arrachée à cet univers de perfection, partir pour l'inconnu : c'était à vomir.

Je vécus les derniers jours dans une impression de chaos absolu. Ce pays qui redoutait depuis cinquante ans le gigantesque tremblement de terre qu'on lui avait promis ne se rendait pas compte de l'imminence de la catastrophe : le sol ne se secouait-il pas déjà, puisque ma personne allait être catapultée si loin ? Il n'y avait pas de limite à mon épouvante intérieure.

Le moment fatidique survint : il fallut monter dans la voiture qui partait pour l'aéroport. Devant la maison, Nishio-san s'agenouilla à même la rue. Elle me prit dans ses bras et me serra autant que l'on peut serrer son enfant.

Je me retrouvai dans le véhicule dont la portière

fut fermée. Par la fenêtre, je vis Nishio-san, toujours agenouillée, poser son front sur la rue. Elle resta dans cette position aussi longtemps qu'elle fut dans notre champ de vision. Ensuite, il n'y eut plus de Nishio-san.

Ainsi s'acheva l'histoire de ma divinité.

À l'aéroport, je souffrais tellement d'avoir perdu ma mère japonaise que je remarquai à peine le moment où le sol natal cracha notre avion vers le ciel.

Le postillon aérien traversa la mer du Japon, la Corée du Sud, la mer Jaune, puis atterrit à l'étranger : en Chine. Je dois préciser que tout pays autre que celui du Soleil-Levant fut depuis ainsi qualifié par moi.

Il n'empêche que la Chine populaire de 1972 y mettait vraiment du sien : c'était l'étranger.

Étranger était cet univers de terreur et de suspicion permanentes. Si je n'eus à subir aucune des atrocités que le peuple chinois endura pendant cette fin de Révolution culturelle, si mon âge tendre m'isola du haut-le-cœur incessant qu'éprouvèrent mes parents, je n'en vécus pas moins à Pékin comme dans l'œil du cyclone.

D'abord pour une raison personnelle : non seulement ce pays avait le tort de ne pas être le Japon, mais il poussait le vice jusqu'à être le contraire du Japon. Je quittais une montagne verdoyante et je trouvais un désert, celui de Gobi, qui était le climat de Pékin.

Ma terre était celle de l'eau, cette Chine était sécheresse. L'air d'ici était douloureux à respirer tant il était aride. Mon exil de l'humidité se traduisit immédiatement par la découverte de l'asthme, dont je n'avais jamais souffert auparavant et qui devait être le fidèle compagnon de toute une vie. Vivre à l'étranger était un mal respiratoire.

Ma terre était celle de la nature, des fleurs et des arbres, mon Japon était un jardin de montagne. Pékin était ce que la ville a inventé de plus laid, de plus concentrationnaire en matière de béton.

Ma terre était peuplée d'oiseaux et de singes, de poissons et d'écureuils, chacun libre dans la fluidité de son espace. À Pékin, il n'y avait d'animaux que prisonniers : des ânes lourdement chargés, des chevaux solidement attelés à des charrettes énormes, des cochons qui lisaient leur mort prochaine dans les yeux d'une population affamée à laquelle nous n'avions pas le droit d'adresser la parole.

Ma terre était celle de Nishio-san, ma mère nippone, qui était tendresse, bras aimants, baisers, qui parlait le japonais des femmes et des enfants, lequel est la douceur faite parole. À Pékin, la camarade Trê, qui avait pour seule consigne de me tirer les cheveux le matin, parlait la langue de l'époque de la Bande des Quatre, sorte d'anti-mandarin, qui était au chinois ce que l'allemand de Hitler était à celui de Goethe : une perversion immonde aux consonances de baffes dans la gueule.

Loin de moi l'idée absurde de placer de fines analyses politiques dans le jugement d'une enfant de cinq ans. L'horreur de ce régime, je ne la comprendrais que bien plus tard, en lisant Simon Leys et en faisant ce qui à l'époque était interdit : parler avec des Chinois. De 1972 à 1975, adresser la parole à l'homme de la rue équivalait à l'envoyer en prison.

Mais j'avais beau ne pas comprendre, je vivais cette Chine comme une longue apocalypse, avec toute l'abjection et la joie contenues dans ce mot. L'expérience apocalyptique est le contraire de l'ennui. Qui voit s'effondrer le monde se désole autant qu'il s'amuse : c'est un spectacle que l'abomination permanente, c'est un jeu tonique qu'un naufrage, surtout quand on a de cinq à huit ans.

Quoi que prétendît la propagande, Pékin avait faim. Moins cependant que la campagne environnante où sévissait la famine pure et simple. Mais la vie dans la capitale était quand même essentiellement recherche de nourriture.

Au Japon régnaient l'abondance et la variété. Monsieur Tchang, le cuisinier chinois, se donnait beaucoup de mal pour rapporter du marché de Pékin l'éternel chou et l'éternelle graisse de porc. C'était un artiste : chaque jour, le chou à la graisse de porc était préparé de façon différente. La Révolution culturelle n'avait pas entièrement réussi à tuer le génie entre autres culinaire du peuple.

Parfois, monsieur Tchang accomplissait des miracles. S'il trouvait du sucre, il le cuisait et filait de splendides sculptures de caramel, des paniers, des rubans croquants qui déclenchaient mon enthousiasme.

Je me souviens d'un jour où il rapporta des fraises. Les fraises étaient un bonheur que j'avais déjà connu au Japon et que je connaîtrais encore souvent par la suite. Je dois pourtant à la vérité cette révélation : les fraises de Pékin sont les meilleures de l'univers. La fraise est délicate par excellence ; la fraise pékinoise est le sublime dans la délicatesse.

C'est en Chine que je découvris une faim qui m'était inconnue : la faim des autres. Et singulièrement, la faim des autres enfants. Au Japon, je n'avais pas eu le temps d'avoir faim des êtres humains : Nishio-san me nourrissait en abondance d'un amour d'une telle qualité qu'il ne me serait jamais venu à l'esprit d'en réclamer davantage. Et les mômes du *yôchien* me laissaient de marbre.

À Pékin, Nishio-san me manquait. Est-ce cela qui éveilla mon appétit ? Peut-être. Heureusement, ma mère, mon père et ma sœur n'étaient pas chiches de leur affection. Mais elle ne pouvait remplacer l'adoration, le culte que me vouait la dame de Kobé.

Je me lançai à la conquête de l'amour. Pour cela, la première condition était de tomber amoureuse : cela m'arriva sans tarder et, bien évidemment, ce fut un désastre qui redoubla ma faim. Ce ne serait jamais que le premier sabotage amoureux d'une longue série. Il n'est pas indifférent qu'il ait eu lieu en cette Chine dévastée. En un pays de prospérité et d'apaisement, je n'eusse peut-être pas eu les crocs jusqu'à l'insurrection. C'est dans les films de guerre qu'on assista aux plus beaux baisers du cinéma.

Pékin me révéla aussi une information intéressante : mon père était un homme étrange.

Quand nous étions entre nous, il ne se privait pas de dire, sur le régime chinois de l'époque, tout le mal qu'il méritait. En effet, dans la scélératesse, la Bande des Quatre tenait du prodige. Madame Mao et les siens, c'est ce qu'on a inventé de plus fort dans l'infâme indéfendable. Au panthéon des ordures, ils connaissent une éternité que personne ne leur ergote.

Que mon père fût amené à fréquenter voire à négocier avec ce gouvernement était la fatalité de son métier de diplomate. Et d'emblée je trouvai admirable qu'il soit capable d'une tâche aussi ingrate, dont la nécessité était facile à comprendre.

Je n'ai jamais vu mon père ne plus avoir faim, sauf quand il rentrait des banquets chinois avec les officiels du régime. Il revenait gavé dans tous les sens du terme, s'exclamant tour à tour : « Ne me parlez plus jamais de manger ! » et : « Ne me parlez plus jamais de la Bande des Quatre ! » À croire qu'il appartenait à la politique de cette dernière de saouler ses interlocuteurs tant d'alcool que de nourriture, comme en ces festins primitifs où la suralimentation de la tribu adverse tient de l'art militaire.

Or, il advenait quelquefois que mon père revînt de l'un de ces dîners sans écœurement : c'était quand il avait eu l'occasion de parler avec Chou En-lai. Ce dernier lui inspirait une admiration immense. Qu'il fût le Premier ministre d'un gouvernement délétère ne semblait pas poser de problème. Et, pour moi, c'était difficile à comprendre. On était un bon ou on était un méchant. On ne pouvait pas être les deux à la fois.

Chou En-lai l'était. Les dates parlent : on ne pouvait pas être Premier ministre de la Chine populaire de 1949 à 1976 sans ce que d'aucuns appelleraient une certaine capacité de traîtrise. Mais on pouvait aussi y voir mieux que de l'habileté : la grande vertu de la souplesse. Il participait au pire des gouvernements et il en modérait la folie qui eût probablement été plus nocive encore.

Si un personnage de l'Histoire a œuvré par-delà le bien et le mal, c'est lui. Même ses détracteurs les plus virulents reconnaissent la dimension et l'impact de son intelligence.

L'enthousiasme de mon père pour Chou En-lai me donnait à réfléchir. Au-delà d'un jugement politique qui me dépassait, j'éprouvais de la perplexité à découvrir que l'auteur de mes jours était incompréhensible et qu'il avait raison de l'être.

La personnalité paternelle n'était pas seule en cause. La Chine fut l'occasion de rencontrer toutes les complexités. Au Japon, je croyais l'humanité composée de Nippons, de Belges, accessoirement d'Américains à peine entrevus. À Pékin, je m'aperçus qu'il fallait ajouter à cette liste non seulement les Chinois, mais aussi les Français, les Italiens, les Allemands, les Camerounais, les Péruviens, et autres nationalités plus étonnantes encore.

La découverte de l'existence des Français m'amusa. Ainsi, il y avait sur cette terre une peuplade qui parlait presque la même langue que la nôtre et dont elle s'était accaparé la dénomination. Leur pays s'appelait la France, était loin d'ici et possédait l'école.

Car c'en était fini des maternelles japonaises. Ma première rentrée sérieuse eut lieu à la Petite École française de Pékin. Les instituteurs étaient français et rarement qualifiés.

Mon premier maître était une brute qui me donnait des coups de pied au derrière quand je lui demandais la permission d'aller aux toilettes. Je n'osai plus interrompre le cours pour solliciter cette autorisation, de peur de ce châtiment public.

Un jour, n'y tenant plus, je décidai de faire pipi en classe. Comme le maître parlait, je m'exécutai sans quitter ma chaise. Cela commença parfaitement et je misais déjà sur le succès de cette opération secrète quand l'excès de liquide déborda de la chaise et coula sur le plancher avec un murmure de serpent d'eau. Ce chuchotement attira l'attention d'un délateur qui s'écria :

– Hé, monsieur, elle pisse en classe !

Humiliation cuisante : le pied de l'instituteur me jeta dehors sous la risée générale.

Révélation aussi de la complexité nationale : je rencontrai des Belges qui ne parlaient pas français. Décidément, le monde était bien curieux. Et il y avait des langues à n'en plus finir. Il n'allait pas être simple de s'y retrouver, sur cette planète.

Si la Bible fut le grand livre de mes années nippones, l'atlas fut la principale lecture de mes années pékinoises. J'avais faim de pays. La clarté des cartes m'éblouissait.

On me surprenait dès six heures du matin couchée sur l'Eurasie, suivant du doigt les frontières, caressant l'archipel japonais avec nostalgie. La géographie me plongeait dans la poésie pure : je ne connaissais rien de plus beau que ses déploiements d'espaces.

Aucun État ne me résistait. Un soir, comme je traversais un cocktail à quatre pattes pour aller voler du champagne, mon père m'attrapa dans ses bras et me présenta à l'ambassadeur du Bangladesh.

– Ah, le Pakistan oriental, commentai-je avec flegme.

J'avais six ans et la passion des nationalités. Qu'elles fussent toutes enfermées ensemble dans le ghetto de San Li Tun permettait leur examen. Le seul pays à dérober son identité était la Chine.

Le mot « atlas » me plaisait à l'infini. Si j'avais un jour un bébé, je lui donnerais ce nom. Dans le dictionnaire, j'avais vu que quelqu'un s'était déjà appelé ainsi.

Le dictionnaire était l'atlas des mots. Il définissait leur étendue, leurs ressortissants, leurs limites. Certains de ces empires étaient d'une bizarrerie déboussolante : il y avait azimut, béryl, odalisque, perlimpinpin.

Si l'on cherchait bien dans les pages, on trouvait aussi le mal dont on souffrait. Le mien s'appelait manque du Japon, qui est la véritable définition du mot « nostalgie ».

Toute nostalgie est nippone. Il n'y a pas plus japonais que de languir sur son passé et sur sa majesté révolue et que de vivre l'écoulement du temps comme une défaite tragique et grandiose. Un Sénégalais qui regrette le Sénégal d'antan est un Nippon qui s'ignore. Une fillette belge pleurant au souvenir du pays du Soleil-Levant mérite doublement la nationalité japonaise.

– Quand rentre-t-on à la maison ? demandais-je souvent à mon père – la maison désignant Shukugawa.

– Jamais.

Le dictionnaire me confirmait que cette réponse était terrible.

Jamais était le pays que j'habitais. C'était un pays sans retour. Je ne l'aimais pas. Le Japon était mon pays, celui que j'avais choisi, mais lui ne m'avait pas élue. Jamais m'avait désignée : j'étais ressortissante de l'État de jamais.

Les habitants de jamais n'ont pas d'espoir. La langue qu'ils parlent est la nostalgie. Leur monnaie est le temps qui passe : ils sont incapables d'en mettre de côté et leur vie se dilapide en direction d'un gouffre qui s'appelle la mort et qui est la capitale de leur pays.

Les jamaisiens sont de grands bâtisseurs d'amours, d'amitiés, d'écritures, et autres édifices déchirants qui contiennent déjà leur ruine, mais ils sont incapables de construire une maison, une demeure, ou même quoi que ce soit qui ressemble à un logis stable et habitable. Rien, pourtant, ne leur paraît aussi digne de convoitise qu'un tas de pierres qui serait leur domicile. Une fatalité leur dérobe cette terre promise dès qu'ils croient en avoir la clé.

Les jamaisiens ne pensent pas que l'existence est une croissance, une accumulation de beauté, de sagesse, de richesse et d'expérience ; ils savent dès leur naissance que la vie est décroissance, déperdition, dépossession, démembrement. Un trône leur est donné dans le seul but qu'ils le perdent. Les jamaisiens savent dès l'âge de trois ans ce que les gens des autres pays savent à peine à soixante-trois ans.

Il ne faudrait pas en déduire que les habitants de jamais sont tristes. C'est le contraire : il n'y a pas de peuple plus joyeux. Les moindres miettes de grâce plongent les jamaisiens dans l'ébriété. Leur propension à rire, à se réjouir, à jouir et à s'éblouir est sans exemple sur cette planète. La mort les hante si fort qu'ils ont de la vie un appétit délirant.

Leur hymne national est une marche funèbre, leur marche funèbre est un hymne à la joie : c'est une rhapsodie si frénétique que la simple lecture de la partition fait frémir. Et pourtant, les jamaisiens en jouent toutes les notes.

Le symbole qui fleurit leur blason est la jusquiame.

À Pékin, la quête des sucreries était autrement difficile qu'au Japon. Il fallait prendre son vélo, montrer aux soldats qu'à l'âge de six ans on ne représentait pas un danger capital pour la population chinoise puis foncer au marché s'acheter les excellents bonbons et caramels périmés. Mais comment procéder quand le maigre argent de poche était épuisé ?

Il fallait alors dévaliser les garages du ghetto. C'était là que les adultes de la communauté étrangère cachaient les provisions. Ces cavernes d'Ali Baba étaient cadenassées et rien n'est plus facile à limer qu'un cadenas de qualité communiste.

Je n'étais pas raciste et je volais dans tous les garages, y compris celui de mes parents, qui n'était pas le plus mauvais. Un jour, j'y découvris une friandise belge que je ne connaissais pas : des spéculoos.

J'en goûtai un aussitôt. Je rugis : ce croquant, ces épices, c'était à hurler, un événement trop important pour le célébrer dans un garage. Quel était le meilleur endroit pour fêter ça ? Je le savais.

Je bondis jusqu'à notre immeuble, montai les

70

quatre étages en courant et fonçai dans la salle de bains dont je poussai la porte derrière moi. Je m'installai devant le miroir géant, sortis le butin de dessous mon pull et commençai à manger en observant mon reflet dans la glace : je voulais me voir en état de plaisir. Ce qu'il y avait sur mon visage, c'était le goût du spéculoos.

C'était un spectacle. Rien qu'à me regarder, je pouvais détailler les saveurs : c'était forcément du sucré, sinon je n'aurais pas eu l'air aussi heureuse ; ce sucre devait être de la cassonade, à en juger l'émoi caractéristique des fossettes. Beaucoup de cannelle, disait le nez plissé de jouissance. Les yeux brillants annonçaient la couleur des autres épices, aussi inconnues qu'enthousiasmantes. Quant à la présence de miel, comment en douter, au vu de mes lèvres qui minaudaient l'extase ?

Pour être plus à l'aise, je m'assis sur le rebord du lavabo et continuai à goinfrer les spéculoos en me dévorant des yeux. La vision de ma volupté accroissait ma volupté.

Sans le savoir, je procédais comme ces gens qui allaient dans les bordels singapouriens dont les plafonds n'étaient que miroirs, afin qu'ils se regardent faire l'amour, allumés au spectacle de leurs propres ébats.

Ma mère entra dans la salle de bains et découvrit le pot aux roses. J'étais tellement absorbée par ma contemplation que je ne la vis pas et poursuivis mon exercice de double dévoration.

Sa première réaction fut la fureur : « Elle vole !

Et des sucreries en plus ! Et du premier choix, notre unique paquet de spéculoos, un vrai trésor, on ne risque pas d'en trouver d'autres à Pékin ! »

S'ensuivit la perplexité : « Pourquoi ne me voit-elle pas ? Pourquoi se regarde-t-elle manger ? »

Enfin, elle comprit et sourit : « Elle a du plaisir et elle veut voir ça ! »

Elle prouva alors qu'elle était une excellente mère : elle sortit sur la pointe des pieds et referma la porte. Elle me laissa seule avec ma jouissance. Je n'eusse pas été au courant de son intrusion si je ne l'avais entendue raconter cet épisode à une amie.

Pendant quelques jours, nous logeâmes dans notre misérable appartement un monsieur qui ne souriait pas beaucoup. Il portait une barbe, ce que je croyais l'attribut du grand âge : en vérité, il avait l'âge de mon père, qui parlait de lui avec l'admiration la plus haute. C'était Simon Leys. Papa s'occupait de ses problèmes de visa.

Si j'avais su combien son œuvre allait être importante pour moi quinze ans plus tard, je l'aurais regardé différemment. Mais cette courte fréquentation fut l'occasion de découvrir, à travers l'estime que mes parents lui témoignaient, cette information capitale : un individu qui écrit des livres beaux et percutants est vénérable entre tous.

Mon intérêt pour la lecture s'en trouva accru. Il ne fallait donc plus lire uniquement *Tintin*, la Bible, l'atlas et le dictionnaire, il fallait aussi lire ces miroirs à plaisir et à douleur qu'étaient les romans.

J'en demandai. On me pointa du doigt les romans pour enfants. Dans la bibliothèque vieillotte de mes parents, c'étaient les Jules Verne, les comtesse de Ségur, Hector Malot, Frances Burnett. Je commençai avec parcimonie. Il y avait quand même des activités plus sérieuses : la guerre de San Li Tun, l'espionnage à vélo, le vol avec effraction, faire pipi debout en visant.

Je sentis pourtant qu'il y avait là une bonne source de sidération : les enfants abandonnés qui crevaient de faim et de froid, les méchantes petites filles méprisantes, les courses-poursuites autour du monde et les déchéances sociales, c'étaient des friandises pour l'esprit. Je n'en éprouvais pas encore la nécessité mais je devinais que cela viendrait.

Je préférais les contes, dont j'avais faim et soif. Au Japon, c'étaient ceux racontés par Nishio-san (*Yamamba la sorcière de la montagne*, *Momotaro l'enfant des pêches*, *La Grue blanche*, *La Gratitude du renard*) ou par ma mère (*Blanche-Neige*, *Cendrillon*, *Barbe-Bleue*, *Peau d'Âne*, etc.). En Chine, ce furent les contes des *Mille et Une Nuits*, que je lus dans leur traduction du XVIIIe siècle et à qui je dois les plus violentes émotions littéraires de mes six ans.

Ce qui me plaisait le plus, dans ces histoires de sultans, de *calenders*, de vizirs et de marins, c'était l'évocation des princesses. Il en surgissait une d'une beauté foudroyante, et aucun détail de sa grâce n'était omis par le récit, et à peine retrouvait-on le souffle qu'il en déboulait une autre ; celle-ci, précisait le texte, était infiniment plus belle que la première, preuves descriptives à l'appui. On parvenait peu à peu à croire qu'il existait une créature surpassant la précitée quand il en apparaissait une troisième, dont la splendeur envoyait celle de la deuxième aux vestiaires tant elle lui était supérieure. Et déjà l'on devinait que cette troisième merveille n'avait qu'à bien se tenir tant l'épiphanie de la quatrième l'éclipserait, ce qui ne manquait pas de se produire. Et ainsi de suite.

Une telle surenchère dans la beauté dépassait mon imagination. C'était délectable.

À sept ans, j'eus la sensation précise que tout m'était déjà arrivé.

Je récapitulai, afin d'être certaine de n'avoir rien oublié du parcours humain : j'avais connu la divinité et son absolue satisfaction, j'avais connu la naissance, la colère, l'incompréhension, le plaisir, le langage, les accidents, les fleurs, les autres, les poissons, la pluie, le suicide, le salut, l'école, la destitution, l'arrachement, l'exil, le désert, la maladie, la croissance et le sentiment de perte qui lui était attaché, la guerre, la griserie d'avoir un ennemi, l'alcool – *last but not least* –, j'avais connu l'amour, cette flèche si bien lancée dans le vide.

À part la mort que j'avais frôlée plusieurs fois et qui remettrait le compteur à zéro, que pouvais-je encore découvrir ?

Ma mère me parla d'une dame qui avait trépassé en mangeant un champignon vénéneux, par erreur. Je demandai quel était son âge. « Quarante-neuf ans », répondit-elle. Sept fois mon âge : de qui se moquait-on ? Où était le problème de mourir après une vie d'une longueur aussi insensée ?

Un vertige me prit à l'idée que le providentiel champignon me trouverait peut-être à un âge aussi lointain : faudrait-il encore subir sept fois ma vie avant d'en atteindre le terme ?

Je me rassurai : je fixai mon décès à douze ans. Un soulagement profond s'empara de moi. Douze ans, c'était un âge idéal pour mourir. Il fallait partir avant le début du processus de décrépitude.

Cela dit, il me restait cinq années à tirer. Allais-je m'ennuyer ?

Je me rappelai qu'à l'âge de trois ans, juste après ma tentative de suicide, j'avais déjà eu cette conviction écœurée d'avoir tout vécu. Or, s'il était vrai qu'à cet instant ancien je n'avais plus rien à apprendre quant à la suprême désillusion de l'absence d'éternité, je n'en avais pas moins découvert, depuis lors, des aventures qui valaient le détour. Par exemple, il m'eût manqué la guerre, dont la jouissance était sans égale.

Donc, il n'était pas à exclure que je ne pusse encore connaître ce dont je n'avais pas fait l'expérience.

Cette pensée était à la fois agréable et frustrante. La curiosité me taraudait : quelles seraient ces choses que mon esprit ne parvenait pas à appréhender ?

À force de réflexion, je tombai sur une possibilité qui m'avait échappé : j'avais connu l'amour, mais je n'avais pas connu le bonheur amoureux. Il me sembla soudain inconcevable de mourir sans avoir vécu une ivresse aussi inimaginable.

Au printemps 1975, nous apprîmes que, durant l'été, nous quitterions Pékin pour New York. Cette nouvelle m'étonna : on pouvait donc vivre ailleurs qu'en Extrême-Orient ?

Mon père fut contrarié. Il avait espéré que le ministère belge l'enverrait en Malaisie. L'Amérique ne le tentait pas. Mais il était soulagé de partir de cette Chine. Nous l'étions tous.

Pour lui, quitter Pékin, c'était quitter l'enfer du maoïsme, le dégoût d'entrevoir des crimes sans nom.

Pour moi, c'était échapper à l'école qui avait vu mon humiliation amoureuse, et c'était fuir Trê qui me tirait les cheveux chaque matin. La seule chose triste serait de dire adieu à monsieur Tchang, le cuisinier magique.

Ce que la Chine comportait de réellement chinois nous enchantait. Hélas, cette Chine rétrécissait comme peau de chagrin. La Révolution culturelle l'avait remplacée par un pénitencier géant.

Et puis la guerre m'avait appris qu'il fallait choisir son camp. Entre la Chine et le Japon, je n'avais pas eu l'ombre d'une hésitation. Il est exact que, au-delà de toute politique, ces deux pays étaient des pôles ennemis : adorer l'un impliquait, sauf à être le dernier des faux-jetons, d'avoir des réticences quant à l'autre. Je vénérais l'empire du Soleil-Levant, sa sobriété, son sens de l'ombre, sa douceur, sa politesse. La lumière aveuglante de l'empire du Milieu, l'omniprésence du rouge, son sens tapageur du faste, sa dureté, sa sécheresse – si la splendeur de cette réalité ne m'échappait pas, elle m'exilait d'entrée de jeu.

Je vivais aussi cette dualité à son échelon le plus simple : entre le pays de Nishio-san et le pays de Trê, mon choix était fait. L'un de ces deux pays était trop violemment le mien pour que l'autre m'acceptât.

Pour l'anniversaire de mes huit ans, je reçus donc le cadeau le plus fantastique : New York.

Le complot avait été organisé de manière à nous traumatiser jusqu'à la crise cardiaque. Nous venions de passer trois années sous surveillance dans le ghetto de San Li Tun, entourés de soldats chinois qui ne nous lâchaient pas d'une semelle. Nous avions tremblé pendant trois ans à l'idée du mal que le moindre de nos actes ou de nos propos aurait pu infliger à un peuple déjà martyr.

Puis nous avions mis notre barda dans des caisses et nous étions allés à l'aéroport de Pékin avec cinq billets pour Kennedy Airport. L'avion avait survolé le désert de Gobi, l'île de Sakhaline, le Kamtchatka, le détroit de Béring. Il avait atterri une première fois à Anchorage, Alaska, pour une escale de quelques heures. Par mon hublot, je voyais un drôle de monde gelé.

Ensuite, l'avion était reparti et je m'étais endormie. Ma sœur m'avait réveillée en me disant ces mots incroyables :

– Lève-toi, on est à New York.

Il y avait de quoi se lever : la ville entière

l'était. Tout se dressait, tout essayait de toucher le ciel. Jamais je n'avais vu un univers aussi debout. D'emblée, New York me donna une habitude que je n'ai jamais perdue : marcher le nez en l'air.

Je n'en revenais pas. Rien au monde ne pouvait être aussi loin du Pékin de 1975. Nous avions quitté une planète pour une autre qui n'était sûrement pas dans le même système solaire.

Dans le taxi jaune, quand j'aperçus la *skyline*, je me mis à hurler. Ce cri dura trois ans.

Certes, il y aurait beaucoup à dire sur les États-Unis de Gerald Ford et sur New York en particulier, sur les inégalités monstrueuses que la ville présentait et la criminalité effarante que tant d'injustice entraînait. Il n'est pas question de le nier.

Si ces pages en parlent à peine, c'est par souci d'authenticité envers le délire d'une gosse de huit ans. Je ne prétends pas même avoir habité à New York : j'ai été pendant trois ans une enfant qui vivait New York comme une folie.

J'accepte d'emblée de signer toutes les dérogations : je n'étais pas lucide, mes parents étaient à cette époque des privilégiés, etc. Ces précautions étant prises, je puis l'affirmer : à New York, avoir huit ans, neuf ans, dix ans – la liesse ! la liesse ! la liesse !

Le taxi jaune s'arrêta devant un immeuble de quarante étages. Il contenait des ascenseurs à n'en plus finir qui montaient si vite qu'on avait à peine le temps de se déboucher les oreilles : on était déjà au seizième étage, le nôtre.

Un scandaleux bonheur ne va jamais seul. En découvrant le grand appartement confortable avec vue sur le Guggenheim Museum, je découvris beaucoup plus grave : la jeune fille au pair qui nous attendait.

Inge venait elle aussi de débarquer à New York. Elle arrivait de la Belgique germanophone. Elle avait dix-neuf ans, mais elle était d'une beauté si parfaite qu'elle en semblait dix de plus. On eût dit Greta Garbo.

New York et Inge : la vie allait être grandiose.

Deux scandaleux bonheurs ont tendance à en entraîner un troisième : mon frère fut envoyé en Belgique afin de poursuivre sa scolarité dans un internat jésuite. Ainsi, André, douze ans, mon ennemi public numéro un, celui dont le Graal était de me faire enrager, celui qui ne perdait aucune occasion de se payer publiquement ma tête, le grand frère le plus grand frère qui fût, serait non seulement envoyé au bagne, ce qui m'enchantait, mais surtout allait évacuer mon plancher, déguerpir de mon paysage, me laisser enfin seule avec ma divine sœur.

Juliette et moi le regardâmes monter dans la voiture avec nos parents qui l'emmenaient à l'aéroport.

– Tu te rends compte, dit-elle. Le pauvre, il va dans une prison belge, alors que nous, nous allons vivre à New York.

– Il y a une justice, grinçai-je.

Juliette, dix ans et demi, était mon rêve. Quand on lui demandait ce qu'elle voulait devenir à l'âge adulte, elle répondait : « Fée. » En vérité, elle en était une de toute éternité, comme le prouvait son joli visage toujours dans la lune. Sa plus grande ambition était d'avoir un jour les cheveux les plus longs du monde. Comment ne pas aimer follement un être animé d'aussi nobles desseins ?

J'évaluai ma situation : autour de moi, il y aurait dorénavant ma mère, dont je ne dirai jamais assez la beauté solaire, il y aurait ma ravissante sœur, elfe entre les elfes – et il y aurait Inge, la sublime inconnue.

Il y aurait mon père, mon supporter de toujours, et il n'y aurait plus de grand frère.

Quand l'existence s'annonce si démesurément exaltante, cela s'appelle New York.

New York, ville peuplée d'ascenseurs supersoniques que je n'avais jamais fini d'essayer, ville de bourrasques si fortes que je devenais un cerf-volant parmi les coiffures des gratte-ciel, ville de la débauche de soi, de la recherche immodérée de ses propres excès, de ses profusions intérieures, ville qui déplace le cœur de la poitrine à la tempe sur laquelle est braqué en permanence le revolver du plaisir : « Exulte ou crève. »

J'exultai. Pendant trois ans, à chaque seconde, ma pulsation suivit le rythme délirant des rues de New York, où marchent des hordes de gens qui ont l'air d'aller résolument n'importe où. Je les y accompagnais, intrépide et trépidante.

Il fallait monter au sommet de chaque immeuble un peu élevé : feu les tours jumelles, l'Empire State Building et ce joyau absolu qu'est le Chrysler Building. Il y avait des immeubles en forme de jupe qui donnaient à cette ville une démarche affolante.

De là-haut, la vue était forcément à hurler. D'en bas, le vertige était encore plus grand.

Inge mesurait un mètre quatre-vingts. C'était une femme gratte-ciel. Je marchais dans New York en lui tenant la main. Elle débarquait de son village belge et n'en revenait pas de ce qu'elle voyait. Les New-Yorkais, pourtant habitués à la splendeur, se retournaient sur le passage de cette beauté, et je me retournais sur eux en leur tirant la langue : « C'est ma main qu'elle tient, pas la vôtre ! »

– Cette ville est pour moi, disait Inge, le nez en l'air.

Elle avait raison : sienne était la cité gigasse. Les lieux de naissance sont absurdes : elle ne pouvait être née dans un bled des cantons de l'Est, elle qui avait la taille et l'élégance du Chrysler Building.

Un jour, comme nous nous promenions le long de Madison Avenue, un type rattrapa Inge en courant et lui remit sa carte : il recrutait pour une agence de mannequins et lui proposait une séance de pose.

– Je ne me déshabille pas, répondit la farouche.

– Si vous avez peur, emmenez la gosse, dit-il.

Cet argument inspira confiance à la jeune fille. Deux jours plus tard, je l'accompagnai dans un studio où elle fut coiffée, maquillée et canardée par un appareil photo. On lui apprit à déambuler comme les mannequins.

Je la contemplais avec admiration. On me complimenta d'être si sage, on n'avait jamais vu une enfant aussi discrète. Et pour cause : j'étais au spectacle, subjuguée par le prestige de la beauté.

Mes parents perdirent la raison. Après trois années d'incarcération maoïste, les exubérances capitalistes les affectèrent dangereusement. La fièvre qui les prit ne les lâcha plus un instant.

– Il faut sortir tous les soirs, dit mon père.

Il fallut tout voir, tout entendre, tout essayer, tout boire, tout manger. Juliette et moi étions toujours de la partie. Après les concerts ou les comédies musicales, nous nous retrouvions au restaurant, attablées devant des steaks plus grands que nous, puis au cabaret, à écouter des chanteuses en buvant du bourbon. Les parents pensèrent qu'il fallait nous habiller pour de telles circonstances et nous achetèrent des fourrures synthétiques.

Juliette et moi n'en revenions pas de tant de faste. Nous nous saoulions en nous enveloppant dans les étoles, nous roulions des pelles à la vitre qui nous séparait des homards vivants.

Un soir, le spectacle fut un ballet : je découvris que le corps pouvait servir à s'envoler. Ma sœur et moi, d'une même voix, décrétâmes nos vocations d'étoiles : on nous inscrivit à une célèbre école de danse.

Tard dans la nuit, un taxi jaune ramenait au bercail quatre Belges ivres qui regardaient le ciel.

– C'est la grande vie, disait ma mère.

Inge refusait de nous accompagner. « Je n'aime que le cinéma et je suis au régime », disait-elle. Elle avait sa vie nocturne et dans sa chambre un poster de Robert Redford qu'elle regardait en se languissant.

– Qu'est-ce qu'il a de plus que moi ? lui demandai-je, les mains sur les hanches.

Elle sourit et m'embrassa. Elle m'aimait beaucoup.

Ce fut ma première rentrée scolaire sérieuse. Le Lycée français de New York, c'était autre chose que la Petite École française de Pékin. C'était un établissement snob, réactionnaire, méprisant. Des professeurs hautains nous expliquaient qu'il nous fallait nous conduire comme une élite.

De telles fadaises m'indifféraient. La classe débordait d'enfants que je regardais avec curiosité. Il y avait là une majorité de Français, mais aussi des Américains, car inscrire sa progéniture au Lycée français était pour les New-Yorkais le comble du chic.

Il n'y avait pas de Belges. J'ai remarqué ce curieux phénomène dans le monde entier : j'étais toujours la seule Belge de la classe, ce qui me valait des flots de moqueries dont j'étais la première à rire.

C'était au temps où mon cerveau fonctionnait trop bien. Moins d'une seconde lui suffisait pour multiplier des irrationnels dont j'énumérais les décimales avec ennui tant j'étais consciente de mon exactitude. La grammaire me coulait par les pores, l'ignorance était pour moi de l'hébreu, l'atlas était ma carte d'identité, les langues m'avaient élue comme tour de Babel.

J'eusse été odieuse si je ne m'en étais aussi profondément fichue.

Les professeurs s'extasiaient et me demandaient :

– Vous êtes sûre que vous êtes belge ?

Je le leur garantissais. Oui, ma mère était belge aussi. Oui, mes ancêtres également.

Perplexité des professeurs français.

Les petits garçons m'observaient avec suspicion, l'air de dire : « Il y a un truc. »

Les petites filles me faisaient les yeux doux. Le monstrueux élitisme du Lycée déteignait sur elles et elles me déclaraient sans ambages : « Tu es la meilleure. Veux-tu être mon amie ? » C'était consternant. De telles manières eussent été inconcevables à Pékin où les seuls mérites étaient guerriers. Mais je ne pouvais refuser : des cœurs de petites filles ne se refusent pas.

Parfois, une Ivoirienne, un Yougoslave ou un Yéménite passaient par là. J'étais touchée de ces nationalités aussi sporadiques que la mienne. Les Américains et les Français trouvaient toujours sidérant que l'on ne fût pas américain ou français.

Arrivée deux semaines après la rentrée, une petite Française m'aima beaucoup. Elle s'appelait Marie.

Un jour, dans un élan de passion, je lui confiai la terrible vérité :

– Tu sais, je suis belge.

Marie me donna alors une belle preuve d'amour ; d'une voix retenue, elle déclara :

– Je ne le dirai à personne.

L'essentiel n'était pas d'aller au Lycée mais à l'école de ballet que je fréquentais assidûment.

Là au moins, c'était difficile. Il fallait apprendre à son corps à devenir un arc que l'on pouvait tendre à se rompre : on ne recevrait les flèches que quand on l'aurait mérité.

La première étape était le grand écart. La professeure américaine, une vieille danseuse squelettique qui fumait comme un pompier, s'offusquait de celles qui ne l'atteignaient pas encore :

– À huit ans, ne pas avoir son grand écart, c'est sans excuse. À votre âge, les articulations sont en chewing-gum.

Je me hâtai donc de déboîter mes chewing-gums pour obtenir l'écart espéré. En forçant un rien la nature, j'y parvins sans trop de peine. Étonnement de voir ses jambes en compas autour de soi.

À l'école de ballet, toutes les élèves étaient américaines. J'eus beau les fréquenter pendant des années, je n'y eus jamais d'amies. Ce milieu de la danse me parut terriblement individualiste : le triomphe du chacune pour soi. Quand une petite se plantait dans un saut et se blessait, les autres souriaient : une concurrente de moins. Ces fillettes se parlaient peu et, quand elles parlaient, elles n'abordaient qu'un sujet : la sélection pour *Nut-cracker*.

À Noël, chaque année, le ballet *Casse-Noisette* était dansé, dans la plus vaste salle new-yorkaise, par des enfants d'environ dix ans. Dans une ville où le milieu de la danse avait autant d'importance qu'à Moscou, c'était un événement.

Les sélectionneurs passaient dans les écoles repérer les meilleurs éléments. La professeure mettait en avant ses meilleures élèves et annonçait aux autres qu'il ne fallait rien espérer. Très souple mais gauche et mal fichue, je faisais partie de la seconde catégorie.

L'ivresse, c'était après le cours de ballet. Je rentrais et je fonçais au quarantième étage de notre immeuble, qui était une piscine à toit en verre. Je nageais en regardant le soleil se coucher sur les cimes des plus belles tours gothiques. Les couleurs des ciels new-yorkais étaient invraisemblables. Il y avait trop de splendeur à avaler : mes yeux parvenaient cependant à tout engloutir.

De retour à l'appartement, je recevais pour consigne de me mettre sur mon trente et un. J'expédiais mes devoirs en huit secondes, je rejoignais au salon mon père qui me servait un whisky pour trinquer avec lui.

Il me racontait qu'il n'aimait pas son travail :

– L'ONU, ce n'est pas pour moi. Parler, toujours parler. Je suis un homme d'action, moi.

Je hochais la tête, compréhensive.

– Et toi, ta journée ?

– Toujours la même chose.

– Première au Lycée, pas fameuse au ballet ?

– Oui. Mais je serai danseuse.

– Naturellement.

Il n'en croyait rien. Je l'entendais raconter à ses amis que je serais diplomate. « Elle me ressemble. »

Ensuite, nous allions à Broadway fêter la nuit. J'adorais sortir. Je ne fus noceuse qu'à cet âge-là.

Mes succès auprès des petites filles du Lycée m'encourageaient à tenter une conquête plus difficile : Inge.

Je lui écrivais des poèmes d'amour, je frappais à sa porte et je les lui offrais. Elle les lisait aussitôt en fumant une cigarette, couchée sur son lit. Je m'allongeais à côté d'elle et je regardais la fumée qui montait : c'était mes vers qui se consumaient.

– C'est joli, disait-elle.
– Tu m'aimes, alors ?
– Bien sûr que je t'aime.
– Embrasse-moi.

Elle m'embrassait en me chatouillant le ventre. Je hurlais de rire.

Ensuite, elle reprenait son air mélancolique et fumait, les yeux au plafond.

Je savais pourquoi elle était triste.

– Il ne t'a toujours pas parlé ?
– Non.

« Il », c'était un monsieur dont elle était amoureuse.

L'un des bonheurs de la vie consistait à accompagner Inge à la *laundry*, la salle des machines à laver, au sous-sol de l'immeuble. Je regardais tourner le linge et, pendant ce temps, Inge regardait l'inconnu qui fumait en attendant sa lessive.

C'était forcément un célibataire puisqu'il s'occupait lui-même de son linge. Inge trouvait des airs de Robert Redford à cet Américain d'une trentaine d'années, sérieux, droit dans son costume.

Elle avait repéré à quelle heure il descendait à la *laundry* et ne manquait jamais d'y aller aussi. Jamais on ne vit femme tant se parer pour aller faire la lessive.

– Il finira bien par me voir, disait-elle.

Elle s'arrangeait pour partir juste quand il partait. Dans l'ascenseur, elle poussait ostensiblement sur le numéro 16, histoire qu'il sût à quel étage la rejoindre. Lui, dans la lune, appuyait sur la touche 32.

– Le double de 16 : c'est un signe, soupirait-elle.

« N'importe quoi », pensais-je.

Cet idiot ne la remarquait pas. Pour ma part, le linge qui moussait dans la machine me paraissait infiniment plus intéressant que lui. Je ne parvenais pas à gagner Inge à mes vues sur ce point.

– Je suis sûre qu'il porte des lunettes pour lire, murmurait-elle. Il a une petite marque sur le nez.

– C'est nul, un homme à lunettes.

– J'adore.

J'enquêtai et découvris que le monsieur de ses pensées s'appelait Clayton Newlin.

Hilare, je courus l'annoncer à Inge, persuadée que cela la guérirait.

– Tu ne peux pas tomber amoureuse d'un type qui s'appelle Clayton, dis-je comme une évidence.

La jeune fille s'allongea sur son lit et répéta, pâmée :

– Clayton Newlin... Clayton Newlin... Clayton... Inge Newlin... Clayton Newlin...

Son cas me parut soudain désespéré.

Cela valait bien la peine d'être sublime au-delà du dicible, si c'était pour s'éprendre de Clayton Newlin. Que savait-elle de lui ? Qu'il lavait son linge, qu'il portait des lunettes pour lire... Cela suffisait-il donc ? Ah, les bonnes femmes !

Mes parents louaient, à une heure et quart de voiture de New York, une cabane de bois perdue dans la grande forêt, où nous passions souvent le week-end et une partie des vacances.

L'Amérique a ceci de formidable : dès qu'on quitte la ville, on est aussitôt nulle part ; deux secondes plus tôt il y avait des immeubles, et deux secondes plus tard il n'y a plus rien. La nature était incroyablement livrée à elle-même. Rien ne la balisait. On débarquait dans le néant, avec l'impression d'être à mille *miles* de toute forme de civilisation.

Inge refusait d'y mettre les pieds : elle avait enfin quitté son village belge, ce n'était pas pour se retrouver dans la forêt – d'autant qu'il ne lui fallait pas rater le moment où Clayton Newlin se déciderait à frapper à sa porte.

Juliette et moi raffolions de cet endroit qui s'appelait Kent Cliffes. Nous dormions dans une chambrette où nous entendions si fort les bruits des animaux nocturnes et des arbres qui craquaient que nous nous serrions l'une contre l'autre dans le lit, terrifiées de joie.

Nous nous lavions ensemble sous une douche misérable dont l'eau coulait tour à tour glaciale puis brûlante, véritable roulette russe de l'hygiène, qui occupait une place immense dans notre mythologie.

Nous organisions nos plaisirs : je m'arrangeais pour avoir une crise de potomanie juste avant l'heure du coucher. Je m'allongeais près de Juliette qui secouait mon ventre gonflé d'eau : il en sortait des glouglous niagaresques qui nous tiraient des larmes de rire.

Le jour, nous marchions jusqu'à un ranch presque fantôme où un type hagard nous laissait monter ses chevaux.

Sa femme nous apprit les rudiments : comment seller et guider. Moyennant quoi, nous pûmes nous aventurer dans la forêt. À la saison chaude nous fut donné le loisir le plus formidable : nager avec les chevaux. Nous les montions à cru et entrions dans le lac sans quitter leur dos. Le moment grandiose était quand ils perdaient pied et commençaient à nager pour de bon en agitant leurs jambes, tête vers le ciel. Il fallait alors s'agripper de tous ses bras à leur encolure pour rester une cavalière.

L'hiver, il tombait des mètres de neige. Nos montures nous menaient au plus profond de la blancheur. Juliette et moi nous regardions parfois, effarées d'être si heureuses.

Oui, il y avait de quoi avoir peur. Peur de quoi, je n'en savais rien. Mais tant d'ivresse, cela devait cacher quelque chose. Je vivais dans cette crainte confuse qui m'exaltait encore davantage.

La terreur augmentait ma faim. Je mettais les bouchées doubles. J'embrassais le monde jusqu'à l'étouffement. La neige aussi, je voulais la manger. J'inventai le sorbet nival : je pressais des citrons, j'ajoutais du sucre et du gin, j'allais dans la forêt avec cet élixir, je choisissais une belle neige épaisse, poudreuse et vierge, je versais dessus la potion, je sortais ma cuiller et je mangeais jusqu'à me saouler. Je rentrais avec plusieurs grammes d'alcool dans le sang, le cœur brûlé par l'excès de neige.

Au Lycée français de New York se produisit un phénomène inquiétant : dix petites filles de ma classe tombèrent amoureuses de moi. Et moi, je n'étais amoureuse que de deux d'entre elles. Il y avait là un problème mathématique.

L'affaire eût pu n'être qu'un drame de cour s'il n'y avait eu l'événement quotidien de la traversée de l'avenue. À midi, après le déjeuner pris ensemble à la cantine, tous les élèves du lycée avaient droit à une heure de récréation dans Central Park. Vu la grandeur et la beauté de ce parc, cette heure était le moment le plus attendu de la journée scolaire.

Pour se rendre en ce lieu sublime, les autorités exigeaient que nous formions une longue rangée d'enfants se tenant par la main, deux par deux. Ainsi, nous pouvions traverser l'avenue qui nous séparait de Central Park sans déshonorer le Lycée.

Il fallait donc choisir quelqu'un à qui donner la main, le temps de traverser l'avenue. J'alternais entre mes deux meilleures amies, la Française, Marie, et la Suissesse, Roselyne.

Un jour, la charitable Roselyne m'avertit d'une crise imminente.

– Il y a beaucoup de filles de la classe qui voudraient te tenir la main pour aller au parc.

– Moi, je ne veux donner la main qu'à Marie ou à toi, répondis-je, implacable.

– Elles sont très malheureuses, objecta Roselyne. Corinne a beaucoup pleuré.

J'éclatai de rire, trouvant sottes les larmes versées pour une telle cause. Roselyne ne l'entendit pas de cette oreille.

– Tu devrais parfois tenir la main de Corinne ou de Caroline. Ce serait gentil.

Ainsi procèdent certaines favorites, dans les harems, qui viennent conseiller au sultan d'honorer les épouses délaissées ; on peut supposer qu'elles ont pour motifs la charité et la prudence – leur élection leur valant de notoires inimitiés.

Dans ma bonté, j'annonçai le lendemain à Corinne que je lui donnerais la main pour traverser l'avenue. Dont acte : après le déjeuner, au moment de former le rang, je me dirigeai vers elle, à regret, non sans des regards désespérés vers Marie et Roselyne qui, elles, avaient non seulement ma faveur, mais des mains douces et fines, quand il me fallait me farcir la grosse patte de Corinne.

Si ce n'avait été que cela ! Il fallut surtout supporter les hurlements de joie de Corinne, qui vécut cette étreinte manuelle comme un triomphe et se vanta la journée entière de ce qu'elle présentait comme un événement planétaire.

Car, toute la matinée, elle n'avait cessé d'annoncer à tue-tête :

– Elle va me tenir la main !

Et elle passa l'après-midi à répéter :

– Elle m'a tenu la main !

Je crus que cet épisode ridicule serait sans conséquence.

Le lendemain matin, en arrivant en classe avant le commencement des cours, j'assistai à une scène hallucinante : Corinne, Caroline, Denise, Nicole, Nathalie, Annick, Patricia, Véronique, et même mes deux favorites, étaient en train de se taper sur la gueule avec une violence insensée. Les garçons se régalaient du spectacle et comptaient les points.

Je demandai à Philippe ce qui arrivait.

– C'est à cause de toi, me répondit-il, hilare. Il paraît que tu as donné la main à Corinne hier. Maintenant, elles veulent toutes te tenir la main. Les filles, c'est trop bête !

Le pire, c'était qu'il avait raison : les filles, c'était trop bête. J'éclatai de rire et m'associai au public des garçons. Je jubilais à l'idée que ce pugilat avait pour motif le désir de toucher ma main pendant deux minutes et demie.

Peu à peu, je cessai de rigoler. C'est qu'elles ne se contentaient pas de se tirer les couettes et de se donner des coups de pied dans les mollets : elles se filaient de ces trempes ! Ramponneaux par-ci, doigts dans les yeux par-là – je vis le moment où l'une de mes jolies favorites allait sortir défigurée de cette mêlée digne du rugby.

Alors, tel le Christ, je levai des bras pacifica-
teurs et imposai le calme par ma voix.

Aussitôt, les dix fillettes s'arrêtèrent et me
regardèrent avec dévotion. Le plus dur était de ne
pas rire.

– Bon, dis-je, on oublie ce qui s'est passé hier.
Dorénavant, je ne tiendrai la main qu'à Marie et
Roselyne.

Fureur dans huit paires d'yeux. Insurrection
imminente :

– C'est pas juste ! Hier, tu as pris la main de
Corinne ! Tu dois aussi prendre la mienne !

– Et la mienne !

– Et la mienne !

– Je n'ai pas envie de prendre vos mains ! Je ne
prendrai que celles de Marie et Roselyne !

Ces dernières me lancèrent des regards de
détresse pour que je change d'avis et je compris
qu'elles risquaient des persécutions. Du reste, les
autres gamines recommençaient à hurler.

– Puisque c'est comme ça, clamai-je, je vais
instaurer un règlement.

Je saisis une immense feuille de papier sur
laquelle j'ébauchai un calendrier d'effleurements
manuels pour les mois à venir : chaque case équivalait à une traversée d'avenue et j'y inscrivis, au
hasard injuste de mes préférences, des prénoms.

– Lundi 12, Patricia. Mardi 13, Roselyne. Mer-
credi 14...

Et ainsi de suite. Les prénoms de mes favorites
furent inscrits beaucoup plus souvent, parce que,
tout de même, j'avais bien droit à mes prédilec-

tions. Le plus drôle était la soumission de ce harem qui, désormais, prit l'habitude de venir consulter le précieux parchemin. Et il n'était pas rare de tomber sur une petite qui regardait le programme avec piété et soupirait :

– Ah, moi, ce sera jeudi 22.

Tout cela sous les yeux consternés des garçons qui disaient :

– Les filles, c'est trop tarte.

Je leur donnais bigrement raison. Si je trouvais délectable cet engouement pour ma personne, je ne l'approuvais pas. Si ces filles m'avaient aimée pour ce que je considérais comme mes qualités, à savoir mon habileté aux armes, mon excellent grand écart, mon talent pour la sissone, mon sorbet à la neige ou ma sensibilité, j'aurais compris.

Mais elles m'aimaient pour ce que les instituteurs appelaient pompeusement mon intelligence et qui n'était qu'une faculté absurde. Elles m'aimaient parce que j'étais la meilleure élève. J'avais honte pour elles.

Ce qui ne m'empêchait pas de défaillir de joie quand je tenais dans ma main celle d'une favorite. Je ne savais pas ce que je représentais pour Marie et Roselyne – une attraction ? un objet de standing ? un divertissement ? une tendresse véritable ? –, je savais ce qu'elles représentaient pour moi. Jadis, on me l'avait assez refusé pour que j'en connusse la valeur.

Ce qu'elles m'offraient, elles me l'offraient en vertu d'un système qui me révulsait : l'infecte loi du Lycée français, qui montrait du doigt les cancres et proposait les premiers à l'admiration des assemblées. Moi, j'aimais celles qui me faisaient rêver, celles dont les beaux yeux désintégraient les repères, celles dont les petites mains emmenaient vers des destinations mystérieuses, celles qui procuraient l'exaltation par l'oubli ; elles, elles aimaient celle qui avait du succès.

À la maison, ce n'était pas si différent. J'aimais d'amour ma trop belle mère, qui m'aimait, certes – et pourtant je sentais que cet amour n'était pas de même nature. Maman tirait orgueil de cette chose creuse qu'on appelait mon intelligence, elle vantait ce qu'elle nommait mes triomphes : ces prestiges étaient-ils moi ? Je ne le pensais pas. Moi, je me reconnaissais dans mes rêves et dans les souffrances de mes nuits d'asthme, où je me créais des visions sublimes pour échapper à la suffocation : mon carnet de notes n'était pas ma carte d'identité.

J'aimais d'amour la céleste Inge, qui m'aimait, certes – mais là encore, qui aimait-elle ? Elle aimait la drôle de gosse qui lui écrivait des poèmes et lui déclarait sa flamme avec une emphase comique. Ces éclats étaient-ils moi ? J'en doutais.

J'aimais d'amour l'exquise Juliette – ô merveille, elle m'aimait comme je l'aimais, sans condition, elle m'aimait pour ce que j'étais, elle dormait à côté de moi et m'aimait quand je toussais la nuit : il y avait place sur cette terre pour un amour véritable.

Avec les hommes, c'était autrement simple : les aimer ou être aimée d'eux était une pure donnée de l'esprit. J'aimais mon père et mon père m'aimait. Je n'y voyais pas la moindre trace de complexité et, du reste, je n'y pensais pas.

Que l'amour d'un garçon pût être l'objet d'une quête, cela me paraissait grotesque. Se battre pour un étendard ou un Graal avait du sens : un garçon n'est ni l'un ni l'autre. C'est ce que je m'évertuais à expliquer à Inge. Hélas, sur ce point, elle était bouchée.

À côté de cela, je reconnaissais aux garçons toutes sortes de vertus ; c'étaient de meilleurs compagnons de lutte, ils jouaient mieux au ballon, ils n'encombraient pas les batailles avec leurs états d'âme agaçants et ils m'estimaient sainement pour ce que j'étais : une adversaire.

J'avais réussi à tuer un type de ma classe par la seule force de ma pensée. J'avais désiré sa mort une nuit entière et, au matin, la maîtresse effondrée nous avait annoncé le décès de cet élève.

Qui peut le plus peut le moins : si j'avais tué un garçon, je pourrais aussi tuer des mots.

Il y avait trois mots que je ne supportais pas : souffrir, vêtement et baigner (ce dernier m'était surtout odieux à la forme pronominale). Leur sens ne me dérangeait pas, à telle enseigne que les synonymes passaient très bien. C'était leur son qui me hérissait.

Je commençai par les haïr à mort une nuit entière, espérant une victoire aussi facile que dans le cas du type des cours. Hélas, le lendemain, je constatai de nombreux emplois des vocables honnis.

Il fallait donc légiférer. À la maison et au Lycée, je promulguai des édits bannissant les trois mots. On me regarda avec étonnement et l'on continua à souffrir, à porter des vêtements et à se baigner.

Pédagogue, j'expliquai qu'on obtenait d'aussi bons résultats avec avoir mal, prendre un bain et porter des habits. On me considéra avec perplexité et l'on ne changea rien à son vocabulaire.

Je devins folle. Ces mots m'étaient réellement intolérables. La sonorité compassée du verbe « souffrir » me faisait grimper au plafond. La préciosité du mot « vêtement », soulignée par cet accent circonflexe, me donnait des désirs de meurtre. Le sommet de l'horreur était atteint avec « se baigner », syntagme abstrait qui avait la prétention de désigner ce que l'être peut accomplir de plus beau sur cette planète : aller dans l'eau.

Je me mis à avoir des crises de rage quand on les employait en ma présence. Les gens haussaient les épaules et persistaient dans leurs errements langagiers. De la mousse blanche sortait de ma bouche.

Juliette me déclara qu'elle m'approuvait :

– Ces trois mots sont atroces. Je ne les dirai plus jamais.

Quelqu'un m'aimait sur cette terre.

Pour les vacances de Noël, mon frère fut relâché de son pensionnat belge et vint passer deux semaines avec nous à New York. Il apprit mes lois lexicales avec joie et se mit à employer les vocables interdits quatre fois par minute. Il adorait observer mes réactions et affirmait que je ressemblais à l'héroïne de *L'Exorciste*.

Au terme des quinze jours, il fut renvoyé vers son bagne jésuite.

« Voici ce qu'il t'en coûte d'outrepasser mes décrets », pensai-je en le voyant partir pour l'aéroport.

En fin de compte, avec les hommes, c'était plus simple qu'avec les mots : je pouvais assassiner un garçon en une nuit de concentration. Contre les mots, je ne pouvais rien.

Je me trouvais malchanceuse : les trois vocables insoutenables étaient des mots d'emploi courant. Pas un jour ne se passait sans que j'endure leur surgissement ; c'étaient les balles perdues de la conversation.

Si j'avais été allergique aux termes « cénotaphe », « zythum » ou « nonobstant », ma vie eût été moins compliquée.

Un jour, un responsable du Lycée téléphona à ma mère.

– Votre fille a un cerveau surdéveloppé.

– Je sais, répondit maman que ce genre de propos n'émouvait pas.

– Croyez-vous qu'elle en souffre ?

– Ma fille ne souffre jamais, dit-elle en éclatant de rire.

Elle raccrocha. Au bout du fil, le bonhomme dut penser que j'appartenais à une famille de dérangés mentaux.

Du reste, ma mère n'avait pas tort : hormis mes allergies verbales et mes calvaires asthmatiques, je ne souffrais pas. Ma prétendue surcompétence mentale m'était surtout un formidable outil de jouissance : j'avais faim et je me créais des univers qui certes ne me rassasiaient pas mais qui déclenchaient du plaisir là où il y avait de la faim.

Pour les vacances d'été, les parents inscrivirent les trois enfants dans un camp d'activités pour la jeunesse, non loin de la cabane de Kent Cliffes. Ils voulaient que nous soyons immergés dans un milieu cent pour cent américain, afin de parler la langue plus couramment.

Le matin, papa nous conduisait au campement à neuf heures : il ne viendrait nous rechercher qu'à dix-huit heures. La journée commençait forcément par la chose la plus grotesque de l'univers : le salut au drapeau.

Tous les enfants et les moniteurs étaient réunis dans la prairie qui entourait le drapeau américain qu'on venait de hisser. La prière montait alors de la centaine de poitrines présentes :

– *To the flag of the United States of America, one nation, one...*

Ce blabla patriotique, dans lequel les majuscules étaient audibles, se perdait dans un brouhaha plein de ferveur. André, Juliette et moi n'en revenions pas de tant de bêtise : nous n'étions pas à New York, nous étions dans la forêt américaine, on y cultivait les vraies valeurs – c'était à se tordre de rire tant c'était niais.

Mon frère, ma sœur et moi psalmodions en cachette d'autres paroles.

– *To the corn flakes of the United States of America, one ketchup, one...*

Les moniteurs nous appelaient les trois Bulgares : c'était ce qu'ils avaient compris quand nous avions révélé notre nationalité belge. Ils étaient d'ailleurs très gentils et se déclarèrent enchantés d'avoir au camp des enfants des pays de l'Est :

– C'est merveilleux pour vous de découvrir un pays libre !

Il y avait les activités de beau temps et les activités de mauvais temps. Comme le climat était exceptionnel, nous passions plusieurs heures par jour à apprendre l'équitation. Les rares fois où il daignait pleuvoir, on nous enseignait l'art de fabriquer des tapis de selle apaches ou des parures iroquoises.

Le professeur de manufactures américaines (ainsi se nommait la discipline précitée) s'appelait Peter et se prit de passion pour moi. Toutes les occasions lui étaient bonnes pour me suggérer l'emploi de telle ou telle perle dans l'élaboration d'un collier sioux.

– Tu as vraiment un authentique visage bulgare, me dit-il d'un ton enamouré.

Je me lançai dans une explication sur mes origines véritables : je venais de Belgique, c'était le pays qui avait inventé le spéculoos, le chocolat y était meilleur qu'ailleurs.

– C'est Sofia, n'est-ce pas, la capitale de la Bulgarie ? demanda-t-il avec attendrissement.

Je n'insistai plus.

Peter avait trente-cinq ans et moi neuf. Il avait un fils de mon âge, Terry, qui ne m'avait jamais adressé la parole et réciproquement. Un soir, ce moniteur demanda à mon père si je pouvais venir loger chez lui la nuit suivante afin de jouer avec son petit garçon : papa accepta. Je trouvai ça bizarre : si Terry avait des vues sur moi, il les cachait bien.

Le lendemain soir, Peter m'emmena chez lui. Sur les murs, il y avait des tapis de selle apaches. Sa femme laide et gentille portait des bijoux cheyennes. Je regardai la télévision avec Terry qui ne me dit pas un mot, et réciproquement.

Le dîner fut affreux. Les hamburgers au pemmican contenaient, je l'aurais juré, de la véritable pâte d'araignées écrasées. En hommage à la Bulgarie, on servit des yaourts, en s'excusant qu'ils fussent peu authentiques (mot aimé de Peter).

Ensuite, on me conduisit dans une grande chambre où il n'y avait rien d'autre qu'un lit. Il me sembla étrange de ne pas dormir avec Terry, mais au fond, je préférais. Je mis mon pyjama et me couchai.

C'est alors qu'entra Peter qui portait un gros objet emballé dans un tissu. Il s'assit sur le lit, près de moi. Bouleversé, il souleva le linge et me montra un casque de soldat :

– C'est le casque de mon père.

Je regardai poliment.

– Il est mort en tentant de libérer ton pays, dit-il en tremblant.

Je n'osai m'enquérir ni de quel pays ni de quelle tentative de libération il parlait. J'étais embêtée, me demandant ce que l'étiquette exigeait de moi en pareil cas.

Devais-je dire quelque chose comme « Merci aux États-Unis d'avoir envoyé votre père se faire tuer pour tenter de libérer mon pauvre pays » ? Cette situation était ridicule et je souffrais dans ma dignité enfantine.

Pourtant, je n'avais encore rien vu. Peter fixa longuement le casque de son père, puis il éclata en sanglots et me prit dans ses bras en répétant convulsivement :

– *I love you ! I love you !*

Il me serrait comme un fou. La tête par-dessus son épaule, je grimaçais de honte.

Cela dura très longtemps. Que fallait-il dire à un type qui déclarait pareille chose ? Rien, sans doute.

Il finit par me déposer sur le lit. Le visage baigné de larmes, il me regarda dans les yeux et me caressa la joue. Il avait l'air de m'aimer, j'eusse voulu être ailleurs. J'étais consciente de n'avoir rien à lui reprocher, mais j'éprouvais une gêne considérable. Il me remercia, sur un ton digne de l'Actor's Studio, d'avoir « partagé cet instant » avec lui.

Ensuite il s'en alla, me laissant seule dans la chambre.

Je passai une nuit de perplexité. Je n'en sus jamais davantage.

Retour à New York pour la rentrée scolaire.

Les amours d'Inge avec Clayton Newlin n'avaient pas progressé d'un iota. Ma mère lui conseilla d'aller lui parler, de tenter les premiers pas.

– Jamais, répondit fièrement la jeune fille.

Je passais beaucoup de temps avec elle. J'adorais la regarder. Elle essayait des tenues devant son miroir, je commentais. Pour un peu, elle eût revêtu une robe du soir pour descendre à l'étage *Laundry* faire la lessive.

Tous les prétextes lui étaient bons pour aller mettre du linge dans une machine. Elle prétendait pronostiquer quand Clayton Newlin irait aussi. Dès qu'elle l'apercevait, elle changeait. Son visage se figeait.

Je ne sais combien de fois nous prîmes l'ascenseur avec Clayton Newlin. Cette situation devenait obsessionnelle : lui, elle et moi, dans un ascenseur. Elle le dévorant des yeux, lui ne la voyant pas, moi assistant, impuissante, à la scène.

Un soir, le miracle se produisit.

Inge et moi avions sauté dans l'ascenseur

en même temps que le fabuleux célibataire. Il se passa alors une chose formidable : je devins Clayton Newlin. Aussitôt, mes yeux s'ouvrirent et je vis. Je vis, devant moi, la plus jolie fille de l'univers, qui me regardait, pantelante d'amour. J'étais un homme qu'une femme sublime aimait d'amour : j'étais Dieu.

Cet empoté de Clayton Newlin n'eût peut-être jamais remarqué ce prodige si je n'étais devenue lui. Il n'était cependant pas complètement moi, car il ne mit pas un genou en terre et ne la demanda pas en mariage. Mais nous découvrîmes enfin la voix de Clayton Newlin : il proposa à Inge d'aller dîner avec lui.

Il avait une belle voix. L'instant tant attendu était arrivé.

J'étais les yeux de l'Américain, je voyais la jeune fille pâmée, je devinais que son cœur s'arrêtait de battre, je devenais sa vie, cet ascenseur était un jardin, un petit serpent tenait la main de l'amoureuse, c'était le plus grand moment de l'Histoire.

J'étais la gosse de neuf ans qui assistait à la scène entre les deux élus, la dame de mes pensées, Inge aux vingt ans de perfection pure, et l'homme de ses pensées, auquel je prêtais mon pouvoir, sans nul doute le bienheureux du jour.

Inge n'avait plus de voix, elle était ses yeux, cela valait la peine d'être Clayton Newlin pour être regardé comme ça – l'humanité entière n'était-elle pas rachetée à la seule condition qu'une créature céleste ait, l'espace d'une minute, de tels yeux pour quelqu'un ?

Déjà il entrait dans son étreinte, et elle recevait son souffle, je vais te dire un grand secret, je t'attendais depuis tellement plus longtemps que mon temps de vie, tant de millénaires pour arriver jusqu'à toi, que tes mains se referment sur mon visage, je sais enfin pourquoi je respire, même si je ne respire plus en cette seconde, je vais te dire un grand secret, il est plus facile de mourir que de vivre, c'est pourquoi je vivrai pour toi, mon amour, car tous les vrais amoureux citent Aragon sans le savoir, ou en le sachant.

Loi du genre : quand il y a un jardin, un homme, une femme, du désir et un serpent, il faut s'attendre à un désastre. La catastrophe planétaire eut lieu dans l'ascenseur new-yorkais.

Inge retrouva la voix. Une froideur incompréhensible s'empara de ses yeux et elle répondit un mot infect :

– Non.

Non, il n'y aura pas de dîner avec Clayton Newlin, il n'y aura pas d'amour, tu m'as attendue des millénaires et je te pose un lapin, ton étreinte se refermera sur le vide, ton souffle ne brûlera personne, je t'ai attendu depuis le jardin mais il ne se passera rien, tel est le souverain désir du malheur, je ne te dirai aucun secret, il est plus facile de mourir que de vivre, c'est pourquoi ma vie entière ne sera que mort, chaque matin, au sortir du sommeil, ma première pensée sera que je suis déjà morte, que je me suis donné la mort en disant non à l'homme qui était ma vie, comme ça, sans raison, sans autre raison que ce vertige qui pousse à tout rater, que cette puissance abjecte du mot non, ce non qui s'est emparé de moi au moment crucial de mon existence, éteignez les torches, enlevez vos beaux habits, la fête est finie avant d'avoir commencé, qu'il n'y ait plus de soleil, qu'il n'y ait plus de temps, qu'il n'y ait plus de monde, qu'il n'y ait plus de rien, que je n'aie plus dans le cœur cet énorme pourquoi, j'étais celle qui avait l'univers entre ses mains et j'ai décidé qu'il mourrait, pourtant je voulais qu'il vive, je ne comprends pas ce qui s'est passé.

Personne ne comprit ce qui s'était passé. Inge ne comprit pas pourquoi elle avait dit non. Ce mot me chassa brusquement du corps de l'Américain, je redevins moi et je levai vers le visage de la jeune fille des yeux incrédules.

Je vis l'impact du non entrer dans la poitrine de Clayton Newlin. Quelque chose de gigantesque fut tué aussitôt. Il réagit avec beaucoup de dignité. Il articula simplement un petit « oh ».

Sacré cas de litote : l'apocalypse venait de se produire en lui et son commentaire était « oh ».

Puis il regarda ses pieds et se tut. Plus jamais nous n'entendîmes le son de sa voix.

L'ascenseur s'arrêta au seizième étage. Inge et moi descendîmes. L'histoire de la fin du monde avait eu lieu dans un ascenseur new-yorkais, entre l'étage moins un et l'étage plus seize.

Les portes automatiques se refermèrent sur le râteau que venait de prendre Clayton Newlin.

Je saisis la main glacée d'Inge et traînai son cadavre jusqu'à l'appartement.

La jeune fille s'effondra sur le canapé.

Elle passa des heures à répéter, hébétée :

– Pourquoi ai-je dit non ? Pourquoi ai-je dit non ?

La première question que je lui posai fut :

– Pourquoi as-tu dit non ?

– Je ne sais pas.

Ma mère accourut. En quelques paroles convulsives, Inge retraça le drame.

– Pourquoi avez-vous dit non, Inge ?

– Je ne sais pas.

Elle ne pleurait pas. Elle était morte.

Ma mère décida de changer le cours de l'Histoire.

– Ce n'est pas grave, Inge. Vous n'allez pas rester là-dessus. Vous allez rattraper votre erreur. Allez aussitôt frapper à sa porte et dites-lui que vous avez votre soirée libre, finalement. Dites-lui n'importe quoi, que vous vous étiez trompée dans votre agenda, inventez. Ce serait trop bête de perdre une telle occasion pour une bévue.

– Non, madame.

– Enfin, pourquoi ?

– Ce serait mentir.

– Au contraire. Ce serait rétablir la vérité. Vous

lui avez dit non en pensant oui : c'était là le mensonge.

– Non, ce n'était pas un mensonge.

– Qu'était-ce donc ?

– C'était la voix du malheur. C'était le destin.

– Allons, Inge, quelle bêtise !

– Non, madame.

– Voulez-vous que j'aille le lui dire moi-même ?

– Surtout pas, madame.

– C'est à se taper la tête contre le mur, votre histoire, Inge.

– C'est la vie.

– Tout le monde peut se tromper. On peut corriger ses erreurs.

– Il est trop tard, madame. N'insistez plus.

Elle n'en démordit pas.

Je découvris ce soir-là une chose terrible : on peut rater sa vie à cause d'un seul mot.

Il faut préciser que ce mot n'était pas n'importe lequel, c'était le mot « non », parole de mort, effondrement de l'univers. Mot indispensable, certes, mais que depuis l'ascenseur new-yorkais je n'ai jamais prononcé sans entendre à mon oreille le sifflement d'une balle. Dans l'Ouest américain, une entaille dans la crosse d'une arme à feu signifiait un mort : le palmarès d'un fusil se lisait au nombre des encoches. Si les mots ont de telles mémoires, nul doute que le mot « non » est celui qui a le plus de cadavres à son actif.

Inge ne tarda pas à être renvoyée de son agence de mannequins.

– Vous êtes trop malheureuse pour être belle, lui dit sèchement le recruteur.

Dommage : elle n'avait justement plus aucun besoin de régime pour être maigre comme un clou.

Inge continua à vivre, elle eut des hommes et je ne prétends pas tout savoir de son existence ultérieure. J'ai cependant la conviction que l'essentiel de son être mourut sous mes yeux, dans l'ascenseur, à cause d'une parole absurde.

Plus jamais je ne la vis sourire.

La mort contenue dans la vie m'effraya.

Pour me rassurer, je voulus trop d'amour. Tel un suzerain médiéval accablant d'impôts son peuple exsangue, je réclamai à mes favorites d'inhumains tributs amoureux : je les mis littéralement à genoux.

Elles y consentirent de bonne grâce, mais leurs offrandes ne me suffisaient jamais. Inge était morte et ne pouvait plus me donner d'amour. Je me tournai alors vers la plus sublime des femmes : ma mère.

Je me suspendis à son cou.

– Maman, aime-moi.

– Je t'aime.

– Aime-moi plus fort.

– Je t'aime très fort.

– Aime-moi plus fort que ça.

– Je t'aime aussi fort qu'on peut aimer son enfant.

– Aime-moi encore plus que ça !

Soudain, ma mère vit le monstre qui l'enlaçait. Elle vit l'ogre qu'elle avait enfanté, elle vit la faim en personne, avec ses yeux géants, qui exigeait un assouvissement hors norme.

Inspirée sans doute par les forces obscures, ma mère dit une parole où d'aucuns verraient de la cruauté, mais qui était d'une fermeté indispensable et qui joua un rôle capital dans la suite de mon existence :

– Si tu veux que je t'aime encore plus, séduis-moi.

Cette phrase m'indigna. Je rugis :

– Non ! Tu es ma mère ! Je ne dois pas te séduire ! Tu dois m'aimer !

– Ça n'existe pas, ça. Personne ne doit aimer personne. L'amour, ça se mérite.

Je m'écroulai. C'était la plus mauvaise nouvelle que j'aie entendue : j'allais devoir séduire ma mère. J'allais devoir mériter son amour et tous les autres amours.

Il ne suffisait donc pas d'apparaître et d'exiger d'être aimée. Je n'étais donc pas d'essence divine. Les doses pharaoniques d'amour que je demandais n'étaient donc pas légitimes. Cette avalanche de donc me renversa.

Séduire ma mère : ça ne serait pas de la tarte. Comment faire ? Aucune idée.

Plus grave : il allait falloir mériter l'amour. J'étais comme la famille royale anglaise apprenant qu'elle allait devoir payer des impôts : quoi ? Tout ne m'était-il pas dû ?

En outre, je sentais bien que j'aurais besoin de trop d'amour : la portion congrue ne me satisferait pas. J'allais devoir mériter des doses incongrues d'amour. Bref, j'allais devoir me donner un mal de chien.

J'avais une tonne de pain sur la planche. Et je sus cette chose qui s'avéra, qui ne cessa de s'avérer davantage : j'allais devoir me fatiguer, dans la vie.

Cette idée m'épuisa d'avance.

Heureusement, il y avait Juliette. Avec elle, l'excès était absolu, inconditionnel.

Elle était admirable. Elle écrivait des poèmes sertis d'adjectifs incompréhensibles. Elle mêlait toujours des fleurs à ses longs cheveux. Elle maquillait ses yeux et son carnet de notes. Elle était aimée des chevaux. Elle chantait juste. Elle s'était battue en duel avec un type de sa classe qui lui avait sectionné le doigt. Elle faisait sauter et tourner des crêpes dans les airs. Elle était impertinente avec les adultes.

Elle m'en jetait plein la vue.

Les parents la louaient parce qu'elle lisait Théophile Gautier. J'y vis un tuyau pour séduire ma mère.

Je décidai d'avoir des lectures au-dessus de mon âge. Je lus *Les Misérables*. J'adorai. Cosette persécutée par les Thénardier, c'était délectable. La poursuite de Jean Valjean par Javert me fascinait.

J'avais lu pour qu'on m'admire. Je lisais et je découvrais que j'admirais. Admirer était une activité exquise, cela donnait des picotements dans les mains et facilitait la respiration.

La lecture était le lieu privilégié de l'admiration. Je me mis à lire beaucoup pour admirer souvent.

La vie new-yorkaise se poursuivait avec son cortège incessant d'ivresses.

C'était la liesse au long cours, mais Juliette et moi avions déjà compris la loi : cela n'aurait qu'un temps. Dès que le ministère belge des Affaires étrangères le déciderait, nous irions là où il nous enverrait.

Il fallait donc se saouler le plus possible. Où que notre père soit posté par la suite, ce serait forcément un pays moins délirant, il y aurait certainement moins de whisky et de sorties nocturnes.

Je tombai amoureuse d'une danseuse, Susan Farrell, l'étoile de New York, à cette époque. Elle était d'une grâce effrayante. J'allai voir tous ses ballets. Un soir, je l'attendis dans les coulisses pour lui acheter les chaussons qu'elle venait de porter : sous mes yeux épris, elle les retira de ses pieds menus, elle me les dédicaça et m'embrassa.

Je m'aperçus que, malgré mes neuf ans, nous avions la même pointure : à force de pratiquer les pointes, Susan Farrell avait dû se racrapoter les orteils. Pieusement, je ne portai plus rien d'autre que ses chaussons. Au Lycée, je me déplaçais sur les pointes. Les garçons de la classe affirmèrent qu'on avait désormais la preuve de mon dérangement mental.

Au moment de lacer autour de mes chevilles les rubans de Susan Farrell, j'éprouvais pour ainsi dire l'étreinte de ses pieds sur les miens, je frissonnais d'extase.

J'écoutais l'institutrice en la regardant droit dans les yeux, donnant les apparences de l'attention la plus recommandable. Pendant ce temps, je ne pensais qu'à mes orteils logés à l'enseigne de mon égérie. Mon plaisir n'en finissait pas.

Pendant l'été, mon père nous emmena dans la Dodge visiter l'Ouest américain.

Je croyais que je connaissais le sens du mot « grand ». Il faut avoir parcouru les États-Unis en voiture pour commencer à entrevoir ce qu'est la grandeur : des journées entières de routes droites sans apercevoir un être humain.

Des déserts infinis, des champs si énormes qu'ils semblaient n'être cultivés par personne, des prairies à perte de vue, des montagnes à perte d'altitude, des bleds à perte d'humanité, des motels peuplés de zombies, des arbres si vieux que notre vie ne comptait pas, la Californie et, pour l'anniversaire de mes dix ans, San Francisco, que j'aimai aussitôt de toute mon âme. Cette ville était pour moi, avec ses dénivellations irrationnelles, le Golden Gate Bridge et les réminiscences de *Vertigo* à chaque coin de rue.

Dix ans : l'âge le plus haut de ma vie, la maturité absolue de l'enfance. Mon bonheur n'avait d'égal que mon angoisse : j'entendais au loin sonner le glas. Si les bruits sourds de la puberté n'étaient pas encore audibles, les rumeurs sinistres du départ se précisaient.

Ce serait la dernière année à New York. Plus que douze mois. Déjà ce goût de mort dans la saveur des choses, qui les rendait si sublimes et si déchirantes. Les orchestres de la nostalgie future accordaient leurs instruments.

Mon père apprit que, l'été suivant, il serait posté au Bangladesh. C'était la première fois de sa vie qu'il serait ambassadeur. Il se réjouit, d'autant qu'il quitterait enfin l'ONU où il s'ennuyait tant.

Sans y être allés, nous savions que le Bangladesh, pays le plus pauvre du monde, serait le contraire de New York. Préventivement, je doublai mes doses de whisky. On n'était jamais trop prudente.

Je m'étais sacrément habituée à l'idée que l'existence soit une longue liesse alcoolisée, peuplée de danseuses, animée de comédies musicales, avec pour horizon les gratte-ciel de Manhattan.

Je préférai ne pas songer à la misère extrême de ce qui serait le pays à venir.

D'un commun accord, Juliette et moi nous livrâmes à la débauche. Pour les précédentes célébrations de Halloween, nous nous étions conventionnellement déguisées en sorcières ou en geishas. Cette année, pour le dernier Halloween de notre vie, Juliette se grima en templier fin de siècle et moi en pagode martienne. Nous marchâmes dans les rues obscures en hurlant des chants barbares et en attaquant au sabre des inconnus.

Juliette décréta qu'il fallait dilapider à New York nos maigres économies.

– Au Bangladesh, il n'y aura rien à acheter, prévint-elle.

Nos tirelires furent cassées pour aller dans les bars boire des *Irish coffees*, des *whiskies sour on the rocks*, des cocktails aux noms hirsutes. Dans l'appartement, nous nous achevions à la chartreuse verte, que ma sœur appelait fastueusement de l'absinthe. Inge nous offrait des cigarettes qui multipliaient par cinq nos soûlographies. Au Lycée, j'avais la gueule de bois.

– Quelle bonne vie, disions-nous de conserve.

Quitter New York, ce serait aussi quitter mes favorites. Je redoublai d'ardeur pour Marie et Roselyne. Nous nous jurâmes un amour éternel, nous échangeâmes notre sang, nos ongles, nos cheveux.

Comme à l'Opéra, nos adieux durèrent des

mois. Nous ne cessions de célébrer notre ferveur, d'évoquer l'horreur de notre séparation future, de raconter les sacrifices auxquels nous consentirions les unes pour les autres (« quand tu ne seras plus là, je ne mangerai plus jamais de glace à la pistache »), de trouver dans la littérature des passages assez bouleversants pour dire le tragique qui s'annonçait (« ... que le jour commence et que le jour finisse... »), de nous emmêler les chevilles sous les bancs, aux cours.

Marie et Roselyne m'assurèrent qu'elles seraient mes veuves éplorées. À les entendre, elles porteraient mon deuil et se couvriraient la tête de cendres. Dans ma mansuétude, je m'inquiétai de leur douleur future : pour les consoler de l'atrocité d'une vie sans moi, je leur suggérai de s'aimer toutes les deux. Elles honoreraient ma mémoire par la persistance de leur union.

C'était sans rire que je proférais de telles énormités. Je parlai à ma mère du calvaire infini que serait l'existence de mes deux favorites après mon départ. En guise de réponse, maman m'emmena voir *Cosí fan tutte*. J'adorai, mais je ne compris pas le message. C'est que moi, je m'apprêtais vraiment à les aimer toujours.

Un soir, comme j'assouvissais une crise de potomanie par l'absorption d'un énième litre d'eau, ma mère, qui assistait en silence à ce spectacle récurrent, arrêta mon geste :

– Ça suffit.

– J'ai soif !

– Non. Tu viens d'avaler quinze verres d'eau en quatre minutes. Tu vas exploser.

– Je ne vais pas exploser. Je meurs de soif.

– Ça passera. Tu t'arrêtes, maintenant.

Je ressentis un *tsunami* de révolte. L'ivresse par l'eau était mon bonheur de mystique, qui ne nuisait à personne. Aucune expérience ne me comblait autant, qui me prouvait l'existence d'une générosité réellement inextinguible. En un monde où tout était compté, où les portions les plus incongrues me semblaient encore procéder d'un rationnement, le seul infini fiable était l'eau, robinet ouvert sur la source éternelle.

Je ne sais pas si la potomanie était une maladie de mon corps. J'y verrais plutôt la santé de mon âme : n'était-ce pas la métaphore physiologique de mon besoin d'absolu ?

Maman redoutait sans doute que mon ventre trop plein de liquide explosât : c'était méconnaître la nature enfantine qui m'apparentait au tube. Ma tuyauterie était si rapide que, cinq minutes après une crise, je m'installais aux toilettes pour un pipi de dix minutes sans interruption qui faisait hurler Juliette de rire et participait au plaisir de l'existence.

Ce fut de colère que j'explosai. On cherchait à me séparer de l'eau, mon élément. On voulait me mettre à l'écart de ma définition. Un barrage intérieur céda, je roulai des torrents de fureur.

Très vite, je me calmai. Il en irait de cette passion comme de toutes les autres : je la vivrais dans la clandestinité, cette vieille amie qui permettait les sucreries, l'alcool et les débauches insoupçonnables d'une fillette belge.

La liste était déjà longue des comportements qui exigeaient qu'on se cache.

Inge ne quitterait pas New York. Elle tenait à rester sur les lieux de son malheur.

Ce fut elle qui nous conduisit, en un jour terrible de l'été 1978, à l'aéroport.

J'étais hagarde de souffrance. Ce n'était pas la première fois de ma vie que c'était l'Apocalypse. Mais il n'y avait pour de tels arrachements aucun mécanisme d'habitude, rien qu'une accumulation de douleurs.

Il fallut enlever de force Inge à mon étreinte. De l'autre côté de la vitre, les favorites m'envoyaient des baisers. Mon épouvante ne savait où donner de la tête.

Juliette me prit la main. Son sentiment d'horreur était égal au mien, je le savais.

Avion. Décollage. Disparition de New York dans le lointain. Jamais. New York subitement annexée au pays des jamais. Tant de décombres en moi. Comment vivre avec tant de mort ?

Ma sœur, finaude, me montra un flacon qu'elle conservait dans son sac.

– C'est de l'eau de Kent Cliffes.

Mes yeux s'écarquillèrent devant un tel trésor.

Kent Cliffes était le lieu où Juliette et moi avions connu nos plus belles nuits. De l'eau de Kent Cliffes, c'était de la décantation de magie. Cet élixir ne nous quitterait pas.

En 1978, le Bangladesh était une rue pleine de gens en train de mourir.

Jamais population ne me parut aussi énergique. Tout le monde avait du feu dans les yeux. On crevait avec ardeur. La faim, omniprésente, incendiait le sang des Bangladeshis.

Notre maison était un moche bunker où il y avait de la nourriture : luxe suprême.

Les jours des êtres humains avaient pour unique action la lutte contre l'agonie.

Mes parents avaient quarante ans, l'âge de se retrousser les manches et de mettre sa responsabilité à l'épreuve du travail. Mon père, enivré par l'ampleur de la tâche, accomplit là-bas des choses immenses.

J'avais onze ans. Ce n'était pas l'âge de la compassion. Dans ce mouroir géant, je n'éprouvais rien que de l'effroi. J'étais comme une soprano envoyée sur le plus sanglant des champs de bataille et à qui ce spectacle dirait soudain l'incongruité de sa voix, sans que cela la rendît capable de changer de registre. Il valait mieux se taire.

Je me tus.

Ma sœur partagea mon silence. Nous avions trop conscience de notre statut de privilégiées pour oser dire un mot. Sortir dans la rue nous demandait un courage sans précédent : il fallait armer ses yeux, leur préparer un bouclier.

Même prévenu, le regard restait poreux. Je recevais dans l'estomac le direct de ces corps d'une maigreur inconnue, de ces moignons surgissant là où ils étaient inconcevables, de ces plaies, de ces goîtres, de ces œdèmes, mais surtout de cette faim hurlée par tant d'yeux à la fois qu'aucune paupière n'eût pu empêcher de l'entendre.

Je rentrais au bunker malade de haine, une haine qui ne s'adressait à personne en particulier et que je déversais donc sur tout, en en gardant pour moi une part équitable.

Je me mis à haïr la faim, les faims, la mienne, les autres, et même ceux qui étaient capables de la ressentir. Je haïs les hommes, les animaux, les plantes. Seules les pierres étaient épargnées. J'aurais voulu être l'une d'elles.

Juliette et moi étions sur la mauvaise pente. Papa vint nous parler avec fermeté : nous étions priées de nous reprendre. Nous ne devions jamais oublier qu'ici, n'importe qui aurait voulu être à notre place. Nous devions fermer la porte à nos états d'âme. Il avait toujours été fier de nous et il espérait que cela n'allait pas changer.

– La vie continue, dit-il.

Cette dernière phrase était un radeau auquel je tentai de m'accrocher. Je pensai à mes favorites et j'écrivis à chacune une longue lettre pleine d'ardeur. Je n'essayai pas de leur parler du Bangladesh : je ne trouvai pas les mots. Je leur dis de profiter de New York.

Juliette et moi ne faisions plus que lire. Affalées l'une contre l'autre sur le canapé, nous lisions, elle, *Dialogues de bêtes*, moi, *Le Comte de Monte-Cristo*. Il était extraordinaire de penser qu'il existait un univers où des animaux surnourris avaient des conversations sophistiquées et où l'on pouvait consacrer sa vie à des enjeux aussi luxueux que la vengeance.

Nous sortions de moins en moins ; les parents

nous le reprochaient. Nous invoquions la chaleur. Papa, qui trempait quatre chemises par jour, dit qu'il ne voyait pas où était le problème.

– Vous êtes des chochottes.

Juliette accepta ce verdict. Moi, vexée, je décidai de monter au front pour prouver ma bravoure. J'enfourchai un vélo et je fonçai à travers la cohue jusqu'au centre-ville, où se tenait le grand marché. Il y avait un étalage de mouches ; on tapait dans ses mains, une nuée d'insectes partait et l'on découvrait la viande puante que vendait le boucher.

Quant au pharmacien, c'était un lépreux qui avait trois doigts à la main droite et, peut-être pour compenser, six doigts à la main gauche. Si on lui demandait des cachets d'aspirine, il ouvrait un tiroir, y plongeait le moignon le mieux pourvu de phalanges et vous tendait une poignée de comprimés.

Les gens qui n'étaient pas trop rongés par les maladies étaient très beaux. La maigreur exaltait leur visage. Quelque chose de violent brillait dans les yeux. Les vêtements, réduits à leur plus simple expression, dévoilaient des corps secs.

Une clameur vint de la route principale. Emportée par le flot humain, j'y allai, préoccupée de ne pas lâcher mon vélo. Un type s'était fait écraser par une voiture qui lui avait roulé sur la tête. Son crâne avait explosé. À côté de lui, son cerveau luisait au soleil.

Près de vomir, je sautai sur la bicyclette et m'enfuis. Je ne voulais plus jamais rien voir.

Au bunker, je rejoignis ma sœur sur le canapé. Je n'en délogeai plus.

C'était devenu un gag : à n'importe quelle heure du jour, on pouvait être sûr de nous trouver, Juliette et moi, affalées sur le canapé, en train de lire. La seule transhumance consistait, le soir, à rejoindre son lit.

À cette époque, le Bangladesh s'essayait à la démocratie. Le courageux président Zia ur-Rahman voulait démentir le lieu commun selon lequel l'extrême misère engendrait la dictature. Il s'appliquait à ce que son pays soit une république digne de ce nom. Appelant de ses vœux la liberté de la presse, il encouragea l'existence non pas d'un journal quotidien indépendant, mais de deux journaux quotidiens indépendants, afin qu'il y ait débat. Ainsi naquirent le *Bangladesh Times* et le *Bangladesh Observer*.

Hélas, de si nobles intentions eurent un résultat consternant : chaque matin, quand paraissaient les deux quotidiens, on s'apercevait que, mot pour mot, virgule pour virgule, photo pour photo, ils étaient la réplique l'un de l'autre. On eut beau enquêter, il n'y eut pas d'explication. Et la malédiction journalistique se poursuivit.

Le dimanche soir, ma sœur et moi étions contraintes d'écrire une lettre à notre grand-père maternel qui vivait à Bruxelles : le courrier partirait le lendemain par la valise diplomatique. Nous recevions chacune une feuille blanche, avec pour mission de la remplir. C'était terrible : nous n'avions rien à dire. « Allons, un peu de bonne volonté ! » insistait notre mère.

Juliette occupait un bout du canapé, moi l'autre. Sans nous entraider, nous grattions le contenu de notre tête, à la recherche de quelque chose : nous finissions par trouver des mots que nous écrivions, le plus grand possible afin de couvrir plus de surface. Au terme de la page, c'était l'épuisement. Papa venait chercher nos copies et les emportait dans sa chambre.

Nous l'entendions hurler de rire. Il appelait nos lettres le *Bangladesh Times* et le *Bangladesh Observer* ; chaque semaine se reproduisait le miracle qui, pour être moins extraordinaire que la traduction de la Bible par les Septante, n'en était pas moins édifiant : mot pour mot, virgule pour virgule, ma sœur et moi ne manquions jamais d'écrire rigoureusement la même lettre l'une que l'autre. Nous étions humiliées.

Sans le savoir, nous produisions peut-être ainsi une explication au mystère journalistique du Bangladesh : si deux êtres distincts tentaient de commenter l'actualité de ce pays, une fatalité verbale leur faisait écrire des textes d'une identité confondante.

À moins, certes, que ces deux êtres distincts

n'en fussent pas. Pour le *Bangladesh Times* et le *Bangladesh Observer*, nous n'en savions rien ; pour Juliette et moi, nous commencions à nous poser des questions.

Deux années et demie nous séparaient. Ma sœur avait toujours été très différente de moi sur bien des points : beaucoup plus douce, plus rêveuse, plus jolie et plus artiste que moi, Juliette était l'incarnation de la poésie. D'ailleurs, elle était écrivain : elle créait des poèmes, des romans et des tragédies d'une grâce incomparable. Moi, j'étais une mystique : quand ma mécréante de sœur me surprenait en prière, elle hurlait de rire. Il paraissait impossible de confondre ces deux personnes.

Et pourtant si. Au Bangladesh débuta notre processus de ressemblance. Nous ne l'avions ni décidé ni remarqué. Vivre à deux sur le même canapé favorisa ce phénomène. Nous grandissions sur le modèle du double.

C'est à cet âge que je me mis à attendre le courrier avec ferveur. Au début, je recevais parfois une gentille petite lettre de New York : c'était Marie ou Roselyne. Ma passion parait leurs mots de tant de force que j'étais persuadée de lire des déclarations : je répondais aussitôt par des torrents de serments solennels, ne remarquant pas la disproportion entre ce que j'écrivais et ce qu'on m'écrivait.

En conséquence de quoi, très vite, je ne reçus plus de lettres des favorites. Il me fallut du temps pour admettre cette vérité : pendant des mois, je mis cela sur le compte des postes. Mais mes parents, eux, recevaient du courrier du monde entier.

Ma mère me rassurait comme elle pouvait.

– Peu de gens écrivent. Ça ne signifie pas qu'ils t'oublient ou qu'ils t'aiment moins. Inge, qui t'aime tant, t'avait prévenue : elle ne t'écrirait pas, pour cette simple raison qu'elle appartient à la catégorie des gens qui n'écrivent pas.

J'essayais d'avaler ça. C'était difficile, parce qu'au début les favorites écrivaient. Pourquoi

141

étaient-elles devenues des personnes qui n'écrivaient plus ? Pourquoi changeaient-elles ?

– Je ne change pas, moi ! m'indignai-je.

– Si, tu changes.

Elle avait raison : si mes sentiments persistaient, mon statut évoluait. Je n'étais plus du tout la reine que je croyais être à New York. Le moins que l'on pût dire, c'était que j'avais perdu mon royaume.

Heureusement, il me restait beaucoup d'enfance. Quand les parents nous emmenaient, Juliette et moi, visiter le pays, les énergies enfantines m'enivraient encore. Ainsi, dès que je voyais un bras de fleuve, un lac, une rivière – et le Bangladesh est une étendue d'eau –, je m'y jetais aussitôt, incapable de résister à l'appel de mon élément. C'est ainsi que, m'étant plongée dans le Gange au terme de son cours, j'attrapai l'otite du siècle et laissai dans le flot la moitié de mon ouïe.

Ce pays n'avait d'autre richesse et d'autre beauté que sa population qui, beaucoup trop nombreuse, était aussi la principale cause de sa misère hallucinante. Nous voyagions dans chaque province et il n'y avait jamais rien à voir, sauf des gens toujours magnifiques ; hélas, la moitié d'entre eux étaient perpétuellement en train de mourir. C'était la principale occupation du Bangladesh.

Au Bangladesh, la principale occupation de mon père était précisément d'empêcher les gens de mourir en favorisant les aides au développement. Dans un bled nommé Jalchatra, au cœur de la jungle, il y avait une léproserie créée par une Belge. Mes parents s'enflammèrent pour sa cause. Jalchatra devint l'un de nos lieux de vie.

La Belge en question était une espèce de militaire déguisée en religieuse qui s'appelait sœur Marie-Paule. Cette admirable femme avait déplacé des montagnes pour fonder la léproserie. Elle dormait à peine et passait ses jours et ses nuits à soigner des êtres invraisemblablement malades, à administrer son campement, à chercher de la nourriture et à repousser les serpents et les tigres.

L'existence de sœur Marie-Paule se déclinait ainsi depuis qu'elle avait posé la première pierre de la léproserie, vingt années plus tôt. Elle était maigre, rude et revêche, et cela se comprenait.

Mon père et ma mère l'assistèrent aussitôt dans ses activités. Ma sœur et moi commençâmes par poursuivre des singes dans la jungle. Ils se montrèrent agressifs : nous revînmes au dispensaire. Alentour, il n'y avait rien. Nous nous assîmes sur une pierre.

– Tu veux voir les lépreux ? demandai-je à Juliette.

– Tu rigoles !

– On va faire quoi ?

– Bonne question.

– À ton avis, les morts, ils les mettent où ?

– Ils les enterrent, je suppose.

– Je vais les chercher.

– Tu es folle.

J'arpentai Jalchatra en tous sens sans trouver le lieu où l'on enterrait les cadavres. Les moins atteints des lépreux se baladaient. Leur état laissait rêveur quant à celui des plus malades. Un homme assis par terre n'avait pas de nez : à la place, un grand trou permettait de voir son cerveau.

Je vins lui parler. Par quelques mots de bengali, il me dit qu'il ne comprenait pas l'anglais. Son cerveau s'agitait quand il parlait. Cette vision me sidéra : le langage, c'était de la cervelle en train de bouger.

Le soir, on nous montra nos chambres : ma sœur et moi partagerions une minuscule cellule avec une fenêtre étroite comme un crâne. Il n'y avait pas d'électricité, on s'éclairait à la bougie. Dans la pénombre, on devinait les grosses araignées, qui jamais ne m'effrayèrent. J'accompagnais Juliette aux toilettes pour l'en protéger. Ces lieux dits d'aisances me paraissaient présenter un danger plus grand. Jalchatra était l'antichambre de l'enfer. Nous nous couchâmes chacune sur notre paillasse et décidâmes que nous quitterions le moins possible la cellule. La nuit, nous tentions de nous expliquer les bruits qui montaient de la jungle. Le jour, nous lisions : nous nous engouffrions dans nos livres, ma sœur dans *Autant en emporte le vent*, moi dans *Quo vadis ?*

La lecture fut notre radeau de *La Méduse*. C'était le règne de la cruauté, de la lutte pour survivre. Nous n'avions rien contre les gens qui mouraient autour de nous. Nous nous sentions seulement très poreuses face à tant d'agonie et, pour ne pas être emportées par ce fleuve de trépas, nous nous accrochions chacune à notre livre.

Sœur Marie-Paule nettoyait une plaie purulente. Scarlett O'Hara dansait au bal avec Rhett Butler. Une femme était en train de perdre la connexion avec les terminaisons nerveuses de ses mains. Pétrone expliquait à Néron que de tels vers étaient indignes de son génie.

On nous appelait à table où nous partagions le brouet de lentilles tandis que sœur Marie-Paule racontait d'insoutenables affaires. Ce fut vers cette époque que je décidai de ne jamais créer de léproserie. On admirera la constance avec laquelle je me suis tenue à cette résolution.

Pour l'anniversaire de mes douze ans, je reçus un éléphant : un vrai. Hélas, seulement pour vingt-quatre heures.

Mais pendant ces vingt-quatre heures, l'éléphant fut mien. Je montai sur son dos avec le cornac et y passai toute la durée de mon anniversaire. À travers la ville, on me regardait comme une reine.

La vie gagnait à être vécue sur un éléphant. On y acquérait une majesté, une hauteur, un capital d'admiration. J'y serais volontiers restée jusqu'à la fin des temps.

De retour au bunker pour le goûter, Juliette me rejoignit sur le large dos avec le gâteau à douze bougies. Le cornac et l'éléphant eurent leur part, mais l'animal ne se montra pas intéressé par cette pâtisserie. Pour son quatre-heures, il arracha un bananier qu'il mangea en entier, puis il avala le tuyau d'arrosage du jardin, qu'il garda dans son gosier le temps de se remplir de liquide (quarante minutes).

Un si sublime cadeau d'anniversaire me sembla

un mauvais présage. Je tentai de raisonner cette superstition. La vérité, c'est que je n'étais pas heureuse d'avoir douze ans. C'était le dernier anniversaire enfantin.

Un soir, j'eus une révélation. Affalée sur le canapé, je lisais une nouvelle de Colette qui s'appelait « La cire verte ». Cette histoire ne racontait pour ainsi dire rien : une jeune fille cachetait des lettres. Et pourtant ce récit me captivait, sans que je pusse l'expliquer. Au détour d'une phrase qui n'apportait guère d'informations supplémentaires, un phénomène incroyable se produisit : un influx parcourut ma colonne vertébrale, ma peau se hérissa, et malgré une température ambiante de trente-huit degrés, j'eus la chair de poule.

Sidérée, je relus la période qui avait provoqué cette réaction, tentant d'en déceler l'origine. Mais il n'était question que de cire en fusion, de sa texture, de son odeur : autant dire rien. Alors pourquoi cet émoi spectaculaire ?

Je finis par trouver. Cette phrase était belle : ce qui s'était passé, c'était la beauté.

Certes, je me rappelais les discours des professeurs, « Analysez le style de cet écrivain », « Ce poème est très bien écrit, par exemple la voyelle unetelle apparaît quatre fois dans ce vers », etc.

Ces dissections sont aussi lassantes qu'un amoureux détaillant à des tiers les charmes de sa bien-aimée. Ce n'est pas que la beauté littéraire n'existe pas : seulement, c'est une expérience aussi incommunicable que les grâces de la dulcinée pour qui n'y est pas sensible. Il faut s'éprendre soi-même ou se résoudre à ne jamais comprendre.

Cette découverte équivalait pour moi à une révolution copernicienne. La lecture était, avec l'alcool, l'essentiel de mes jours : désormais, elle serait la quête de cette beauté insoluble.

Maman nous emmena à la mer. Un avion déglingué de la Bangladesh Biman nous déposa à Cox's Bazar, ancienne station balnéaire du temps de la colonisation anglaise. Nous logions dans ce qui avait été un somptueux hôtel victorien et qui n'était plus qu'une ruine peuplée de cancrelats énormes. Le lieu ne manquait pas de charme.

Il n'y avait plus aucun vacancier à Cox's Bazar. D'une manière générale, le Bangladesh n'était pas une destination de vacances. L'hôtel était désert, à l'exception d'un couple d'Anglais âgés de soixante-quinze ans qui passaient leur vie enfermés dans leur chambre à relire d'antédiluviens exemplaires du *Times* : le soir, ils descendaient au « restaurant », elle en robe du soir, lui en smoking, et regardaient autour d'eux avec mépris.

Nous allions sans cesse à la plage. Le golfe du Bengale était d'une beauté apocalyptique : jamais je n'ai vu mer aussi agitée. Je ne pouvais résister à l'appel des vagues immenses : j'étais dans l'eau du matin au soir.

Personne d'autre ne nageait. Maman et Juliette

restaient allongées sur le sable. Le petit peuple de la plage, constitué essentiellement d'enfants, cherchait des coquillages vendables. J'invitais certains à me rejoindre dans la mer. Ils souriaient et refusaient.

C'étaient des journées d'ivresse. Je trouvais la justification de ma vie à tutoyer le ciel au sortir des vagues. Plus elles étaient gigantesques, plus loin elles m'emportaient, plus haut elles me hissaient.

La nuit, dans le lit à baldaquin de l'hôtel vétuste, je regardais les cancrelats escalader le voile de la moustiquaire en savourant encore dans mes os la danse du flux et du reflux. Je n'avais qu'un souhait : y retourner.

Un jour, comme j'étais dans l'eau depuis des heures, très loin du rivage, mes pieds furent attrapés par des mains nombreuses. Autour de moi, personne. Ce devait être les mains de la mer.

Ma peur fut si grande que je n'eus plus de voix.

Les mains de la mer remontèrent le long de mon corps et arrachèrent mon maillot de bain.

Je me débattais avec l'énergie du désespoir, mais les mains de la mer étaient fortes et en surnombre.

Autour de moi, toujours personne.

Les mains de la mer écartèrent mes jambes et entrèrent en moi.

La douleur fut si intense que la voix me fut rendue. Je hurlai.

Ma mère m'entendit et courut me rejoindre dans les vagues, en hurlant aussi démentiellement qu'une mère peut hurler. Les mains de la mer me lâchèrent.

Ma mère me prit dans ses bras et me ramena sur la plage.

Au loin, on vit sortir de l'eau quatre Indiens de vingt ans, aux corps minces et violents. Ils s'enfuirent à la course. Ils ne furent jamais retrouvés. On ne me vit plus jamais dans aucune eau.

La vie devint moins bien.

De retour à Dacca, je m'aperçus que j'avais perdu l'usage d'une partie de mon cerveau. Mon habileté aux nombres avait disparu. Je n'étais même plus capable d'effectuer les opérations simples.

À la place, des pans de néant occupaient ma tête. Ils y sont restés.

J'étais toujours un tube mais, dans mon esprit, commençait déjà la dislocation de l'adolescence.

Une voix nouvelle parla en moi qui, sans museler les précédentes, fut l'interlocutrice définitive et m'habitua à penser à deux voix. Elle ne manqua jamais de me signaler en riant l'horreur des choses.

Sœur Marie-Paule implorait depuis longtemps de l'aide belge pour sa léproserie. Mon père harcela le ministère et les fondations : on finit par lui annoncer l'arrivée de deux religieuses flamandes décidées à vouer leur vie à Jalchatra.

Papa alla les attendre à l'aéroport de Dacca ; elles déjeuneraient au bunker avant d'être conduites dans la jungle. Nous les attendions avec la curiosité que suscitent les sacrifices : qui diable pouvait être volontaire pour quitter un confortable couvent des Flandres afin de donner plus que son existence à la géhenne d'une léproserie bengalie ? Quel mystère humain se cachait derrière une si folle oblation ?

Ce fut le jardinier qui leur ouvrit la porte. Ce musulman magnifique, qui devait peser cinquante kilos tout habillé, tomba en arrêt et se mit à trembler. Il eut du mal à s'effacer pour livrer le passage ô combien nécessaire à deux créatures si énormes qu'il fallait écarquiller les yeux pour les voir entièrement. Ces deux sœurs, qui ne l'étaient pourtant pas l'une de l'autre, étaient jumelles en obésité.

Sœur Lies et sœur Leen avaient vingt-cinq ans. On leur eût attribué n'importe quel âge. Leur gémellité acquise était renforcée par leur uniforme et par leurs valises de religieuse. Leur visage était une bouffissure pleine de gentillesse.

Ma mère affecta de ne pas avoir remarqué leur particularité et leur fit la conversation très civilement. On s'aperçut que sœur Lies et sœur Leen, qui n'avaient jamais quitté leur village de Flandre-Occidentale, parlaient un patois incompréhensible. Leur langage évoquait les tremblements d'un couvercle de casserole dans laquelle des patates seraient en train de bouillir.

Mes parents se regardèrent, l'air de se demander comment sœur Marie-Paule accueillerait les recrues. Après le repas, nous entassâmes les deux personnages dans la voiture et nous trouvâmes une petite place. C'était la première fois que j'avais envie d'aller à Jalchatra : je ne voulais pas manquer la scène du débarquement. La voix nouvelle, à l'intérieur de ma tête, se régalait : « Regarde-les, le moindre cahot du véhicule provoque un séisme de graisse, maintenant tu sauras que, pour vouloir consacrer sa vie au bien, il faut vraiment avoir un problème. »

Une fois arrivés, sœur Lies et sœur Leen furent

tractées hors de la voiture. Elles regardèrent avec émerveillement la jungle qui les changeait tellement de leur biotope flamand. Sœur Marie-Paule arriva comme un général. Elle ne vit même pas les dimensions des religieuses et les emmena aussitôt en clamant qu'un travail monstre les attendait.

Ce fut un miracle. Sœur Lies et sœur Leen se révélèrent des surfemmes. Elles abattirent une besogne surhumaine et sauvèrent des centaines de lépreux. Elles ne quittèrent jamais Jalchatra et ne perdirent jamais un gramme.

L'Inde voisine était un pays de cocagne comparée au Bangladesh. Pour qui venait de Dacca, Bombay évoquait New York et Calcutta La Nouvelle-Orléans. La misère y était cependant plus choquante, à cause de l'hindouisme qui renforçait les exclusions. Au Bangladesh régnait alors un islam modéré, admirable d'égalitarisme.

Nous étions les seuls êtres humains de la planète à aller à Calcutta, ville la plus proche de la frontière, pour chercher de la nourriture. Si peu qu'il y en eût dans cette ville infernale, cela nous paraissait l'abondance.

Nous montâmes jusqu'à Darjeeling dont la beauté nostalgique me renversa. À trop contempler l'Everest en buvant du thé, la tentation himalayenne l'emporta : nous partîmes au Népal pour une semaine.

Un pays où l'on passait son temps à lever la tête jusqu'au ciel pour apercevoir des sommets d'une altitude invraisemblable, c'était pour moi. Mais à hauteur d'homme, c'était autre chose.

Une visite m'y frappa plus violemment que tout ce que j'ai vu sur cette planète : le temple de la Déesse Vivante. Celle-ci était une enfant que les brahmanes choisissaient à la naissance en fonction de mille critères astrologiques, karmiques, sociaux, etc. Le bébé accédait aussitôt au rang de divinité et, en tant que telle, était pour ainsi dire encastré dans la matière même du temple. La petite fille enchâssée dans un trône grandissait, somptueusement nourrie, fleurie et honorée par des prêtresses, sans apprendre à marcher. Les uniques mouvements auxquels elle avait droit consistaient à agiter des objets du culte. Hormis les vestales, personne n'était autorisé à lever les yeux sur elle.

Sauf une fois par an, le jour de la procession, où la Déesse Vivante était portée sur un palanquin géant à travers la ville et où les foules venaient regarder, acclamer et prier la fillette pour qui c'était la seule occasion de voir le monde réel. Elle était alors abondamment photographiée. Le soir, elle réintégrait le temple dont les panneaux étaient refermés jusqu'à l'année suivante.

Ce manège durait jusqu'aux douze ans de l'enfant. Le jour de son anniversaire, elle perdait son statut de divinité et était soudain priée d'aller se faire pendre ailleurs.

On relâchait dans la nature une fillette obèse, incapable de se servir de ses jambes et dont la famille avait perdu le souvenir. Personne ne semblait se soucier du devenir de cette nouvelle humaine.

À l'extérieur du temple étaient punaisées, à titre d'ex-voto, de nombreuses photos de l'actuelle

Déesse Vivante à ses divers âges. Il était saisissant de voir, année après année, la mignonne enfançonne se métamorphoser en une sorte de ver à soie bouffi de graisse. Il y avait aussi de vieux clichés des précédentes Déesses Vivantes, effarante théorie de petites filles plus grosses les unes que les autres, et qui, au-delà de douze ans, n'existaient plus. On ne pouvait que se demander quelle partie de leur vie avait été la pire : avant ou après l'âge fatidique.

J'avais douze ans quand je vis le temple de la Déesse Vivante. C'est peu dire que j'en fus bouleversée. Heureusement, mon destin n'avait rien de commun avec celui de cette fillette népalaise, mais quelque chose en mon cœur la comprenait si bien.

Bizarrement, dès ma prime conscience, j'avais toujours su que la croissance serait une décroissance et qu'il y aurait à cette perte perpétuelle des paliers atroces. Le temple de la Déesse Vivante me mit nez à nez avec une vérité qui était mienne depuis mon aube : c'était qu'à douze ans, les petites filles étaient chassées.

Dans ma tête, la dislocation agissait. La voix nouvelle était forte qui empêchait désormais de se raconter des histoires. Mon récit intérieur, mélange de réel et de fantasmagorie, n'avait jamais connu d'interruption : il accompagnait mes moindres gestes, mes moindres pensées. À présent, quand j'essayais de renouer avec ce fil narratif, la voix nouvelle s'interposait qui ne tolérait que l'anacoluthe.

Tout devint fragment, puzzle dont il manquait de plus en plus de pièces. Le cerveau, jusque-là machine à fabriquer de la continuité à partir du chaos, se transforma en broyeur.

J'eus treize ans en Birmanie. C'était le plus beau pays du monde et il était insupportable de s'en rendre compte à l'âge où j'étais le moins capable d'être à la hauteur. Cinq ans plus tôt ou cinq ans plus tard, j'eusse pu affronter une splendeur si grande. À treize ans, je ne pouvais tout simplement pas la digérer.

De Mishima, je lus *Le Pavillon d'or*. J'étais ce moine disgracié qui prenait la beauté en haine. Elle ne pouvait m'émouvoir que si je m'imaginais en train de la détruire. Contrairement au bonze pyromane, je n'eusse jamais eu le courage de passer à l'acte : je me contentais d'incendies mentaux. À la faveur de ceux-ci m'était révélée la splendeur environnante.

Les parents nous emmenèrent à Pagan qui était encore plus magnifique que Kyoto ; l'ancienne cité des temples était tout simplement le lieu le plus sublime de cette planète. Je m'effondrai. Heureusement, j'appris que l'un des ingrédients de ce paysage lunaire avait été un cataclysme incendiaire : cela me le rendit plus tolérable. Quand les somptueuses pagodes m'accablaient trop, mon esprit les restituait aux flammes antiques et soudain s'y plaisait.

Je soupçonnais Juliette de partager mon trouble.

– C'est trop beau, disait-elle.

Cette manière de parler s'est transmise dans la langue et pourtant, dans la bouche de ma sœur comme dans la mienne, elle était à prendre au pied de la lettre : nous étions oppressées par cet excès. Tant de beauté appelait le sacrifice et nous n'avions que nous-mêmes à sacrifier – ou alors la beauté incriminée. « C'était elle ou moi », légitime défense. D'ailleurs, Juliette aussi lisait *Le Pavillon d'or*, avidement, sans commentaire.

Mon corps se déforma. Je grandis de douze centimètres en un an. Il me vint des seins, grotesques de petitesse, mais c'était déjà trop pour moi : j'essayai de les brûler avec un briquet, comme les amazones s'incendiaient un sein pour mieux tirer à l'arc ; je ne réussis qu'à me faire mal. Je remis ce problème à une date ultérieure, persuadée de trouver tôt ou tard une solution.

Cette croissance éperdue me replongea dans l'état végétal de mes premières années. Je n'en pouvais plus de fatigue. Me traîner jusqu'au bar était un exploit : seule la perspective du whisky m'en rendait capable. Je buvais pour oublier que j'avais treize ans.

J'étais immense et laide, je portais un appareil dentaire. Le président du Bangladesh, l'admirable Zia ur-Rahman, fut assassiné. Il suffisait que je quitte un pays pour qu'il s'y passe quelque chose. Le monde me dégoûtait.

Le Bangladesh sombra dans la dictature militaire. Je sombrai dans la dictature de mon corps. La Birmanie, Albanie asiatique, vivait en autarcie. Je fermai mes frontières.

Mon père fut profondément affecté par la mort de Zia ur-Rahman. Ma mère était profondément affectée par l'état larvaire de ses filles et en particulier de la dernière, qui ne délogeait plus du canapé.

– Je vais chercher un treuil, disait-elle en voyant mon grand corps échoué sur les coussins.

Elle nous traîna au club anglais, alléguant qu'il y avait là une piscine, ce dont je me fichais. Un malheur affreux m'y arriva : un Anglais de quinze ans, mince et délicat, plongea dans l'eau sous mes yeux, et je sentis quelque chose se déchirer en moi. Horreur : je désirais un garçon. Il ne manquait plus que cela. Mon corps était un traître.

Certes, l'Anglais avait de longs cheveux noirs, le teint pâle, les lèvres vermeilles et les attaches fines, mais ce n'en était pas moins un garçon. Déshonneur absolu. Je me mis à vivre dans son sillage afin qu'il me vît. Il ne me vit pas. Je le comprenais : je n'étais pas regardable. Le remède à cette situation infecte était sûrement dans les livres. Je lus *Phèdre* avec une exaltation sans bornes : j'étais Phèdre, il était Hippolyte. Le vers racinien convenait à ma transe. Je n'en trouvai pas moins que cette disposition était peu glorieuse.

Je décidai de ne pas m'en vanter.

Au fond de mon néant hormonal, ne régnait que le chaos. La nuit, je me relevais pour aller dans la cuisine me battre contre des ananas : j'avais remarqué que l'excès de ce fruit me faisait saigner les gencives et j'avais besoin de ce combat au corps à corps. Je prenais un grand couteau, je saisissais l'ananas par la chevelure, je l'écorchais en quelques coups de lame et le dévorais jusqu'au trognon. Si les premiers sangs n'étaient pas encore versés, j'en dépeçais un autre : arrivait le moment excitant où je voyais la chair jaune inondée de mon hémoglobine.

Cette vision m'affolait de plaisir. Je mangeais le rouge au cœur de l'or. Le goût de mon sang dans l'ananas me terrifiait de volupté. Je mettais les bouchées doubles et saignais encore plus. C'était un duel entre les fruits et moi.

J'étais condamnée à perdre, sauf à accepter d'y laisser jusqu'à la dernière goutte de mon sang. J'arrêtais cette lutte singulière quand je sentais que mes dents allaient tomber. La table de la cuisine était un ring où subsistaient d'énigmatiques vestiges.

Cette Iliade fruitière épongeait un peu de ma rage.

J'avais assez attendu un désastre. Je commençais à comprendre qu'il ne se produirait pas. Il fallait que je le provoque. On ne pouvait compter ni sur l'actualité – les coups d'État n'avaient lieu que quand je quittais un pays – ni sur la métaphysique – j'avais beau scruter le ciel et la terre, les signes avant-coureurs de l'Apocalypse ne se manifestaient pas.

J'avais faim d'un cataclysme, Juliette aussi. Nous n'en parlions pas. Nous étions déjà à ce stade qui est toujours le nôtre : nous n'avions plus besoin de nous parler. Nous savions ce que vivait l'autre : la même chose.

Je continuais à désirer le jeune Anglais, mon corps continuait à grandir, la voix intérieure continuait à me haïr, Dieu continuait à me punir. À ces agressions, j'opposerais la résistance la plus héroïque de tous les temps.

Au Bangladesh, on m'avait appris que la faim était une douleur qui disparaissait très vite : on en subissait les effets sans plus en subir la souffrance. Forte de cette information, je créai la Loi : le 5 janvier 1981, jour de la Sainte-Amélie, je cesserais de manger. Cette déperdition de soi s'accompagnerait d'une rétention : la Loi stipulait aussi qu'à dater de ce jour, je n'oublierais plus aucune émotion de ma vie.

On avait le droit de ne plus se rappeler les détails techniques de l'univers, Marignan 1515, le carré de l'hypoténuse, l'hymne national américain et la classification des éléments chimiques. Mais ne plus se souvenir de ce qui avait ému, fût-ce à peine, était un crime que trop de gens commettaient autour de moi. J'en éprouvais une indignation mentale et physique.

La nuit du 5 au 6 janvier 1981, j'assistai à la première projection intérieure de mes émotions du jour : elles étaient constituées surtout de faim. Depuis, chaque nuit, à la vitesse de la lumière, se déroule dans ma tête la bobine émotionnelle à dater du 5 janvier 1981.

Était-ce parce que j'avais treize ans et demi, l'âge où les besoins alimentaires sont les plus démentiels ? La faim fut lente à mourir au creux de mon ventre. Son agonie dura deux mois qui me parurent un long supplice. La mémoire fut autrement facile à mettre au pas.

Après deux mois de douleur, le miracle eut enfin lieu : la faim disparut, laissant place à une joie torrentielle. J'avais tué mon corps. Je le vécus comme une victoire époustouflante.

Juliette devint maigre et moi squelettique. L'anorexie me fut une grâce : la voix intérieure, sous-alimentée, s'était tue ; ma poitrine était à nouveau plate à ravir ; je n'éprouvais plus l'ombre d'un désir pour le jeune Anglais ; à dire vrai, je n'éprouvais plus rien.

Ce mode de vie janséniste – rien à tous les repas du corps et de l'âme – me maintenait dans une ère glaciaire où les sentiments ne poussaient plus. Ce fut un répit : je ne me haïssais plus.

Puisqu'il n'y avait plus de nourriture, je décidai de manger tous les mots : je lus le dictionnaire en entier. L'idée était de ne sauter aucune entrée : comment décider par avance que certaines n'en vaudraient pas la peine ?

La tentation était forte de faire des allées et venues d'une lettre à l'autre, comme n'importe quel utilisateur du dictionnaire. Il s'agissait de le lire dans l'ordre strictement alphabétique, histoire de n'en perdre aucune miette. L'effet produit était étourdissant.

C'est ainsi que je m'aperçus d'une injustice encyclopédique : certaines lettres étaient plus intéressantes que leurs voisines. La plus passionnante était la lettre A : était-ce dû à la noirceur remarquée par Rimbaud ? Ou était-ce simplement ce pouvoir bouleversant, cette énergie de l'incipit ?

À cette lecture, je soupçonne un but supplémentaire, que je ne m'étais pas avoué à l'époque : le désir de ne pas laisser mon cerveau s'éparpiller encore davantage. Plus je maigrissais, plus je sentais fondre ce qui me tenait lieu d'esprit.

Ceux qui évoquent la richesse spirituelle des ascètes mériteraient de souffrir d'anorexie. Il n'est pas meilleure école du matérialisme pur et dur que le jeûne prolongé. Au-delà d'une certaine limite, ce que l'on prend pour l'âme s'étiole jusqu'à disparaître.

Cette misère mentale de l'être dénutri est si douloureuse qu'elle peut susciter des réactions héroïques. Il y a là autant d'orgueil que d'instinct de survie. Dans mon cas, cela se traduisit par de pharaoniques entreprises intellectuelles, comme lire le dictionnaire de A à Z.

L'erreur serait d'y voir une intelligence propre à l'anorexie. Il serait bon que cette évidence soit enfin acquise : l'ascèse n'enrichit pas l'esprit. Il n'y a pas de vertu aux privations.

Les parents nous emmenèrent voir le mont Poppa : il s'agit d'un monastère bouddhiste installé au sommet d'une montagne si abrupte qu'elle paraît une hallucination.

J'avais quatorze ans et, à condition d'être vêtue, j'étais regardable. Les moines me dévisagèrent et dirent à mon père qu'ils souhaitaient m'acheter. Ma mère leur demanda pourquoi.

– Parce qu'elle a un teint de poupée de porcelaine, répondirent-ils.

Enchantés, les parents affectèrent d'être intéressés et discutèrent de mon prix.

Je ne parvins pas à trouver cela drôle. Il y a une pudibonderie maladive propre à cet âge.

Je pesais quarante kilos. Je savais que je continuerais à maigrir. Viendrait un stade où, même pour rire, aucun bonze ne proposerait de m'acheter. Cette idée me soulagea.

Je lus *La Chartreuse de Parme* pour la première fois. Comme tous les récits où la prison jouait un rôle, ce texte me sidéra : seule la geôle rendait l'amour possible. Je ne savais pas pourquoi cela me parlait tant.

Par ailleurs, il n'y avait pas plus civilisé que ce livre. L'anorexie me tenait à l'écart de la civilisation et j'en souffrais. Je lisais passionnément aussi la littérature concentrationnaire, *La mort est mon métier*, *Si c'est un homme*. Sous la plume de Primo Levi, je découvris la phrase de Dante : « Les hommes ne sont pas faits pour vivre comme des brutes. » Je vivais comme une brute.

En dehors de ces rares moments de lucidité où le sordide de la maladie m'apparaissait, je m'en glorifiais. L'inhumanité de mes conditions d'existence m'inspirait de l'orgueil.

Je me disais qu'il était bon d'agir contre moi, que tant d'hostilité envers moi me serait salutaire. Je me rappelais l'été de mes treize ans : j'étais une larve dont il ne sortait rien. À présent que je ne mangeais plus, j'étais d'une activité physique et mentale intense. J'avais vaincu la faim et je jouissais désormais de l'ivresse du vide.

En vérité, j'étais au paroxysme de la faim : j'avais faim d'avoir faim.

Le Laos était le pays du néant. Non qu'il ne s'y passât rien : mais la mainmise vietnamienne y assourdissait les chocs au point d'y étouffer toute impression de vie.

Jamais dictature ne fut aussi sournoise. Le pouvoir n'escamotait les êtres que la nuit. On se réveillait sans plus avoir de voisin, pour des motifs bizarres : il avait parlé avec un étranger ou il avait écouté de la musique.

Cette colonisation délétère n'empêchait pas les Laotiens d'être les gens les plus exquis de la terre : condamnés au néant, ils s'ennuyaient avec élégance et délicatesse.

Les déplacements ne m'affectaient plus : l'anorexie était transportable.

À quinze ans, pour un mètre soixante-dix, je pesais trente-deux kilos. Mes cheveux tombaient par poignées. Je m'enfermais dans la salle de bains pour regarder ma nudité : j'étais un cadavre. Cela me fascinait.

Dans ma tête, une voix commentait le reflet : « Elle va bientôt mourir. » Je m'en exaltais.

Mes parents étaient furieux. Je ne comprenais pas pourquoi ils ne partageaient pas ma joie. La maladie m'avait guérie de l'alcoolisme. Ma mère me pesait régulièrement. Je la trompais de huit kilos, en dissimulant sous mon tee-shirt des lingots de métal et en me livrant, une vingtaine de minutes avant la pesée, au supplice de l'eau : je me faisais avaler trois litres en un quart d'heure. La douleur était extraordinaire.

Cela valait la peine, alors, de s'observer dans le miroir : j'étais un squelette au ventre hypertrophié. C'était si monstrueux que cela me ravissait. Mon seul regret était d'avoir perdu la potomanie : cette grâce m'eût facilité la tâche.

Le cerveau est constitué essentiellement de graisse. Les plus nobles pensées humaines naissent dans le gras. Pour ne pas perdre la cervelle, je retraduisis, avec fièvre, l'*Iliade* et l'*Odyssée*. Je dois à Homère les quelques neurones qui me restent.

À quinze ans et demi, une nuit, je sentis que la vie me quittait. Je devins un froid absolu.

Ma tête accepta.

Il se passa alors une chose incroyable : mon corps se révolta contre ma tête. Il refusa la mort.

Malgré les hurlements de ma tête, mon corps se leva, alla dans la cuisine et mangea.

Il mangea dans les larmes, car ma tête souffrait trop de ce qu'il faisait.

Il mangea tous les jours. Comme il ne digérait plus rien, les douleurs physiques s'ajoutèrent aux douleurs mentales : la nourriture était l'étranger, le mal. Le mot « diable » signifie : « ce qui sépare ». Manger était le diable qui séparait mon corps de ma tête.

Je ne mourus pas. J'aurais préféré mourir : les souffrances de la guérison furent inhumaines. La voix de haine que l'anorexie avait chloroformée pendant deux ans se réveilla et m'insulta comme jamais. Et il en allait ainsi chaque jour.

Mon corps reprit une apparence normale. Je le haïs autant que l'on peut haïr.

Je lus *La Métamorphose* de Kafka en écarquillant les yeux : c'était mon histoire. L'être transformé en bête, objet d'effroi pour les siens et surtout pour soi-même, son propre corps devenu l'inconnu, l'ennemi.

À l'exemple de Grégoire Samsa, je ne quittai plus ma chambre. J'avais trop peur du dégoût des gens, je redoutais qu'ils m'écrasent. Je vivais dans le fantasme le plus abject : j'avais désormais le physique ordinaire d'une fille de seize ans, ce qui ne devait pas être la vision la plus térébrante de l'univers ; de l'intérieur, je me sentais cancrelat géant, je ne parvenais pas plus à en sortir qu'à sortir.

Je ne savais plus dans quel pays j'étais. J'habitais la chambre que je partageais avec Juliette. Celle-ci se contentait d'y dormir. J'y étais installée à temps plein.

Je quittais d'autant moins le lit que j'étais malade. Après des années de chômage technique, mes organes digestifs ne toléraient plus rien. Si je mangeais autre chose que du riz ou des légumes bouillis, je me tordais de douleur.

Cette année-là, les seuls bons moments furent ceux où j'avais de la fièvre. Je n'en souffrais pas assez à mon gré : à peine deux jours par mois, mais quel répit ! Mon esprit sombrait alors dans des délires salvateurs. J'avais toujours les mêmes images dans ma tête : j'étais un grand cône qui se promenait dans le vide sidéral et j'avais pour consigne de me transformer en cylindre.

Je me concentrais, de toute la force de mes quarante degrés de température, pour devenir le tube espéré. Parfois, la sensation d'avoir réussi ma mission géométrique me donnait une grande fierté. Je m'éveillais inondée de sueur et savourais quelques minutes d'apaisement.

Habiter la chambre fut l'occasion de lire plus que jamais.

Je lus pour la première fois le roman que j'allais le plus relire – plus de cent fois –, *Les Jeunes Filles* de Montherlant. Cette lecture jubilatoire me confirma dans l'idée qu'il fallait tout devenir, sauf une femme. J'étais sur la bonne voie, puisque j'étais un cancrelat.

Rarissimement, je trouvais la force de sortir de la chambre. J'avais perdu le sens commun. Je tenais des discours sur l'inexistence de l'âme. J'appelais un dignitaire « mon brave ».

Les jeux de hasard, comme la musique, étaient interdits au Laos. Il fallait s'enfermer soigneusement pour s'adonner à l'une ou aux autres. Les cartes étaient assimilées aux jeux de hasard : le whist devint une activité sublime qui se parait du prestige de la prohibition.

Je regardais interminablement les joueurs.

Un jour, je surpris un tricheur. Je le confondis à haute voix. Il nia. Je lui donnai un coup de poing dans l'œil. Mon père m'envoya aussitôt dans ma chambre.

Puisque mon destin était de ne pas quitter la chambre, je devins haruspice : de mon lit, je regardais par la fenêtre le vol des oiseaux dans le ciel. Dans le vol des oiseaux, je ne lisais rien d'autre que le vol des oiseaux : toute interprétation eût été réductrice. Il n'y avait rien de plus fou à observer.

Les oiseaux étaient souvent trop loin pour que je puisse identifier leur espèce. Leur silhouette se réduisait à une calligraphie arabe qui tournoyait dans l'éther.

J'aurais tant voulu être cela : une chose sans détermination, libre de voler n'importe où. Au lieu de quoi j'étais enfermée dans un corps hostile et malade et dans un esprit obsédé par la destruction.

Il paraît que l'essentiel du terrorisme international se recrute parmi les enfants de diplomates. Cela ne m'étonne pas.

À dix-sept ans, je débarquai à l'Université libre de Bruxelles.

C'était une ville remplie de trams qui quittaient le dépôt à cinq heures et demie du matin dans un crissement mélancolique, croyant partir pour l'infini.

De tous les pays où j'ai vécu, la Belgique est celui que j'ai le moins compris. C'est peut-être cela, être de quelque part : ne pas voir de quoi il s'agit.

Sans doute est-ce pour cette raison que j'y commençai à écrire. Ne pas comprendre est un sacré ferment pour l'écriture. Mes romans mettaient en forme une incompréhension qui croissait.

L'anorexie m'avait servi de leçon d'anatomie. Je connaissais ce corps que j'avais décomposé. Il s'agissait à présent de le reconstruire.

Bizarrement, l'écriture y contribua. C'était d'abord un acte physique : il y avait des obstacles à vaincre pour tirer quelque chose de moi.

Cet effort constitua une sorte de tissu qui devint mon corps.

Heureusement, dans ma vie, il y avait ma sœur. Elle réussit le permis de conduire. Dès lors, elle m'emmena souvent voir la mer. C'était des jours de rêve.

Elle roulait jusqu'au Coq, entre Wenduyne et Ostende. Nous nous couchions dans les dunes et parlions de choses qui n'existaient pas. Nous marchions interminablement sur la plage.

Juliette était mon existence et j'étais la sienne. Des gens de la famille disaient que nous étions trop proches l'une de l'autre, qu'il fallait nous séparer : nous ne les vîmes plus.

Un jour, je lui avouai que j'écrivais. Elle-même avait cessé d'écrire à seize ans. J'avais un peu l'impression d'avoir repris le flambeau. Je lui dis que jamais je ne montrerais mon manuscrit à quelqu'un d'autre.

– Je ne suis pas quelqu'un d'autre, dit-elle.

Elle lut donc mon histoire d'œuf. Je n'attendais pas d'elle une appréciation.

Elle me le rendit avec pour unique commentaire :

– C'est autobiographique.

En effet, dans l'œuf géant, le jaune n'avait pas résisté au coup d'État des jeunes révolutionnaires. Il s'était répandu dans le blanc et cette apocalypse de lécithine avait provoqué l'explosion de la coquille. L'œuf s'était alors métamorphosé en une titanesque omelette spatiale qui évoluerait dans le vide cosmique jusqu'à la fin du temps.

Oui, ce devait être ça, une autobiographie.

À vingt et un ans, mon diplôme de philologie en poche, j'achetai un aller simple pour Tokyo.

Cela supposait une horreur : quitter Juliette qui resterait à Bruxelles. Ma sœur et moi n'avions jamais été séparées. Juliette me disait : « Comment peux-tu partir ? » C'était un crime, je le savais. Je sentais pourtant qu'il fallait le commettre.

Je la serrai dans mes bras à l'étouffer puis m'en allai. Elle poussa un long gémissement que j'entends encore résonner dans mon crâne. C'est incroyable comme on peut souffrir.

Tokyo : ce n'était pas le Japon que je connaissais et pourtant c'était lui. Cachées entre les artères monstrueuses, les ruelles abritaient mon pays, le chant du vendeur de patates douces, les vieilles femmes en kimono, les échoppes, les bruits du train, l'odeur des soupes des familles, les cris des enfants : je retrouvais tout.

Nous étions en janvier 1989. Il faisait froid, le ciel ne cessait jamais d'être d'un bleu absolu. Je n'avais plus parlé japonais depuis l'âge de cinq ans, j'étais sûre d'avoir oublié. Pourtant, les mots nippons revenaient par wagons dans ma tête.

Je vivais une formidable aventure de la mémoire. J'avais vingt et un ans mais j'avais cinq ans. Il me semblait être partie pendant cinquante ans et c'était comme si je ne m'étais absentée qu'une saison.

Je passais mon temps à être bouleversée. Quand un garde-barrière faisait retentir le ding-ding-ding signalant l'approche d'un train, mon existence était abolie, j'étais à Shukugawa, j'avais la chair de poule et les larmes coulaient.

Six jours après mon retour dans ce pays qui ne pouvait être que le mien, je rencontrai un Tokyoïte de vingt ans qui m'invita au musée, au restaurant, au concert, dans sa chambre, puis qui me présenta à ses parents.

Cela ne m'était jamais arrivé : un garçon me traitait comme un être humain.

De plus, il était charmant, gentil, fin, distingué et d'une politesse parfaite : le contraire exact des liaisons que j'avais vécues à Bruxelles.

Il s'appelait Rinri, ce qui signifie Moral, et il l'était. Ce prénom est là-bas aussi rare que chez nous Prétextat ou Éleuthère, mais l'onomastique nippone est coutumière de l'hapax.

C'était un riche héritier. Son père était le plus grand joaillier japonais.

En attendant de reprendre l'entreprise pater-nelle, Rinri était étudiant comme je l'étais et comme on peut l'être au Japon quand on fréquente une université autre que les onze universités célèbres : mollement.

Il étudiait la langue et la littérature françaises pour le plaisir : je lui appris bien des tournures.

J'étudiais le japonais des affaires : il m'enseigna beaucoup de vocabulaire.

Sous couleur d'apprentissage linguistique, c'était l'aventure.

Rinri conduisait une vraie voiture de yakusa, blanche et étincelante comme ses dents.

Je lui demandais :

– Où allons-nous ?

Il répondait :

– Tu verras.

Le soir, nous étions à Hiroshima ou sur le bateau qui mène à l'île de Sado.

Il ouvrait le dictionnaire japonais-français, cherchait longtemps et déclarait :

– Voilà : tu es quintessentielle.

Dans sa famille, c'était moins drôle : l'unique héritier aimait une Blanche. On me regardait de travers. On se montrait d'une courtoisie recherchée, mais on trouvait le moyen de me dire que j'étais une cause de consternation.

Rinri ne s'en apercevait pas. Avec lui, je n'ai que de bons souvenirs : une rareté, ce garçon.

J'avais un an de plus que lui, ce qui suffisait à faire de moi une *ane-okusan* : une « épouse-grande-sœur ». J'étais supposée, du haut de ma longue expérience, enseigner l'existence au « fiancé-petit-frère ».

C'était rigolo. Je lui appris à boire du thé aussi fort que le mien. Il vomit.

C'est en 1989 que je me mis à écrire à plein régime. Retrouver le sol japonais m'en donna l'énergie. C'est là que j'adoptai ce qui est devenu mon rythme : consacrer un minimum de quatre heures par jour à l'écriture.

Écrire n'avait plus rien à voir avec l'extraction hasardeuse des débuts ; c'était désormais ce que c'est aujourd'hui – la grande poussée, la peur jouissive, le désir sans cesse ressourcé, la nécessité voluptueuse.

Cet été-là, Juliette me rejoignit à Tokyo. Nous poussâmes des hurlements de joie animale à nous retrouver. Vivre sans elle serait toujours contre nature.

Juliette était là : le pèlerinage pouvait commencer. Le Shinkansen nous conduisit jusqu'à Kobé, puis un train de banlieue nous déposa à Shuku-gawa. Dès la gare, nous sûmes que ce voyage était une erreur.

Le village n'avait pratiquement pas changé : c'était ma sœur et moi qui nous étions métamorphosées. Le *yôchien* me parut minuscule, la plaine de jeux anodine. La ruelle qui menait à la maison était désenchantée. Même les montagnes environnantes me semblaient petites.

Arrivée devant la maison de notre enfance, je glissai ma tête dans une meurtrière du mur et interrogeai le jardin : il était pareil, mais j'avais quitté mon empire et je retrouvais un jardin.

Juliette et moi avions l'impression de nous promener dans un champ de bataille jonché de cadavres.

– Repartons !

À la gare, d'une cabine téléphonique, je composai le numéro de Nishio-san. Personne ne décrocha. J'en fus désolée et soulagée ; je crevais d'envie de la revoir et j'avais maintenant peur que ce soit un échec. Rater mes retrouvailles avec le lieu avait été pénible et pourtant supportable ; rater mes retrouvailles avec la gouvernante bien-aimée ne serait pas tolérable.

Un mois plus tard, ma sœur repartit. Elle me promit que nous nous reverrions très vite. Cela ne m'empêcha pas de gémir comme un animal pendant des heures.

Le soir, Rinri m'emmenait très souvent dans le port de Tokyo. Nous regardions les chimiquiers avec émotion. Il y avait d'absurdes amoncellements de pneus. Ce que j'aimais le plus, c'était contempler l'enfilade des gigantesques grues Komatsu : ces oiseaux de métal défiaient la mer avec une majesté martiale dont l'esthétisme m'exaltait.

De notre poste d'observation, nous pouvions aussi, en nous retournant, voir les trains circuler sur la vieille passerelle aérienne. La nuit, ce grondement ferroviaire me bouleversait. C'était beau.

Dans sa voiture de yakusa, Rinri mettait des disques compacts de Ryuichi Sakamoto. Il me servait du saké froid : c'était la mode. Au Japon, le postmodernisme ne manquait pas de charme.

Le 31 décembre 1989, d'une cabine téléphonique je composai le numéro de Nishio-san. Elle décrocha. Elle poussa un cri d'étonnement quand elle sut qui lui parlait. Je lui demandai si elle voulait venir célébrer le nouvel an en ma compagnie, à Kyoto.

Kobé n'était pas loin. Je l'attendrais à la gare.

Je passai la journée à trembler en regardant le Pavillon d'Or. Je ne l'incendiai pas. Je ne pensais qu'aux retrouvailles qui auraient bientôt lieu. Il faisait ce terrible froid humide, typique de l'hiver à Kyoto.

À l'heure dite, je vis descendre du train une petite dame d'un mètre cinquante. Elle me reconnut aussitôt :

– Tu es géante, mais tu as la même tête que quand tu avais cinq ans.

Nishio-san devait avoir une cinquantaine d'années. Elle paraissait plus âgée : elle avait travaillé dur.

Je l'embrassai : c'était gênant.

– C'était quand, la dernière fois ?

– En 1972. Il y a plus de dix-sept ans.

Le sourire de ma gouvernante n'avait pas changé.

Elle dit qu'elle voulait aller dans un restaurant chinois. Je l'y emmenai. Elle me raconta que ses filles, les jumelles, étaient mariées, et me montra des photos de ses petits-enfants. Elle but beaucoup de vin mandarin et fut très joyeuse.

Je lui dis que j'allais entrer quelques jours plus tard dans l'une des plus grandes compagnies japonaises, où je travaillerais comme interprète. Nishio-san me félicita.

À minuit, conformément à la tradition, nous allâmes sonner les cloches dans les temples. La vieille ville résonnait de toutes parts. Un peu ivre, Nishio-san riait. J'avais les larmes aux yeux.

Le 17 janvier 1995 eut lieu l'atroce tremblement de terre de Kobé.

Le 18 janvier, de Bruxelles, je ne cessai de composer le numéro de Nishio-san. Peine perdue. Peut-être les télécommunications étaient-elles interrompues. Je me rongeais.

Le 19 janvier, par miracle, j'eus Nishio-san au bout de la ligne. Elle dit que sa maison s'était effondrée sur elle et que cela lui avait rappelé 1945.

Elle allait bien, sa famille aussi. Mais elle avait gardé cette coutume ancestrale de conserver son argent caché chez elle et elle avait tout perdu. Je la sermonnai :

– Promets-moi que tu vas ouvrir un compte dans une banque, maintenant.

– Pour y mettre les pièces que j'ai en poche ?

– Enfin, Nishio-san, c'est consternant !

– Qu'est-ce que ça fait ? Je suis en vie.

Composition réalisée par IGS-CP

Achevé d'imprimer en avril 2006 en France sur Presse Offset par

BRODARD & TAUPIN

GROUPE CPI

La Flèche (Sarthe).
N° d'imprimeur : 34850 – N° d'éditeur : 71820
Dépôt légal – 1ʳᵉ publication : mai 2006
Librairie Générale Française – 31, rue de Fleurus – 75278 Paris cedex 06.

31/1717/3